Harald Weißling
Bob Yareham

Video-Ideen für den Englisch-unterricht

Praktische
Anregungen
zum Einsatz
authentischer
Video-
Materialien

Klassen
5 bis 13

mit
Kopier-
vorlagen

Cornelsen

Harald Weißling und Bob Yareham

Video-Ideen für den Englischunterricht

Praktische Anregungen zum Einsatz authentischer
Video-Materialien – Klassen 5 bis 13

For the girls I love: Inge, Anne, Julia.   H.W.
Dedicated to the memory of Michael Binns.   B.Y.

Verlagsredaktion
Marc Proulx, Ingrid von der Felsen-Ferguson

Grafik
Jule Pfeiffer-Spiekermann

Umschlag
Knut·Waisznor

Technische Umsetzung
Fred-Michael Sauer

 http://www.cornelsen.de

1. Auflage ✓ €   Druck 4 3 2 1   Jahr 04 03 02 2001

© 2001 Cornelsen Verlag, Berlin

Druck: CS-Druck Cornelsen-Stürtz, Berlin

ISBN 3-464-04498-X

Bestellnummer 44980

 Gedruckt auf säurefreiem Papier, umweltschonend
hergestellt aus chlorfrei gebleichten Faserstoffen.

Inhalt

Alle *Activities* im Überblick

4

	Activity	Inhalt	Lernniveau	Seite
IV Verändern und erweitern	1 Darstellendes Spiel *Do what I say, not what I do*	In Zweierteams sieht jeweils nur ein Partner eine Videosequenz und gibt dem anderen Anweisungen zur Imitation der Szene.	alle Stufen	83
	2 Debatten *That gives me an idea*	Videoausschnitte dienen als Strukturmodelle und inhaltliche Vorlagen für eine formale Debatte.	Mittel- und Oberstufe	88
	3 Grammatik *You can almost see the grammar*	Visuelle Elemente des Videos tragen dazu bei, den grammatikalischen Gehalt einer Sequenz plausibel zu machen. Die S üben Zeiten und andere Grammatikstrukturen.	ab drittem Lernjahr	91
	4 Rollenspiele *Wishing you were there*	Bevor sie eine Videosequenz sehen, bekommen Gruppen den Auftrag, aus der Sicht einer der Personen des Films das Geschehen zu schildern: Perspektivenwechsel und Transfer im Rollenspiel.	Oberstufe	93
	5 Lyrische Versuche *The sound of one hand waving, drowning*	Lyrische Gestaltungsversuche werden von Filmvorlagen inspiriert. Intonation, Betonung, Vokal- und Silbenlängen unterstützen die Rhythmisierung von Sprache.	Mittel- und Oberstufe	96
V Analyse	1 Helden und andere Rollen *Beauties and beasts*	Die Beobachtung von Filmcharakteren führt zu einer Beschreibung ihres Verhaltens und ermöglicht Vorhersagen für das Verhalten in anderen hypothetischen Situationen.	ab Mittelstufe	113
	2 Wenn Bilder sprechen *Everything but the words*	Die S machen sich mit Filmsprache vertraut, analysieren Symbolgehalt und Metaphern.	ab Mittelstufe	117
	3 ... wer nicht schaut, bleibt dumm *I don't get it*	Das Zusammenspiel von bildlichen Kontexten und Dialogsegmenten ist Gegenstand von Analyse und Anlass zu Interpretation.	ab Unterstufe möglich bei einfachen Bezügen und stärkerer Steuerung, sonst Mittelstufe	122
	4 Grammatik *Write word, right place*	Traditionelle Grammatikarbeit mit Lückentexten, die durch das Medium Video mehr Anreiz erhält.	alle Stufen	125
VI Schreibanlässe	1 Eingriffe *The story within the story*	Kreatives Schreiben: ausgehend vom Betrachten eines Videoausschnittes erhalten die Schüler verschiedene Schreibaufträge.	ab Mittelstufe	141
	2 Fortsetzung *The story after the story*	Filmszenen oder offene Filmenden werden fortgesetzt. Vorschläge zum Medientransfer ergänzen die inhaltliche und sprachliche Auseinandersetzung mit längeren Filmteilen oder einem ganzen Streifen.	...	145
	3 Diktat und Grammatik *The great dictator – No one said it was all going to be fun*	Grammatik, Vokabeln, *drills* und Diktat. Ungeliebte Aspekte des Fremdsprachenlernens gewinnen an Attraktivität, die Aufmerksamkeit der S wird gesteigert.	alle Stufen	148

Video im Fremdsprachenunterricht

Das Video hat sich als Medium beim Fremdsprachenerwerb etabliert, seine praktische Akzeptanz spiegelt sich wider in zunehmender Nutzung im Unterricht, seine theoretische in Beiträgen der Fachliteratur. Die Vorteile liegen auf der Hand: Video bietet lebende, bewegte, farbige Bilder, es erscheint uns dreidimensional. Zeitabläufe lassen sich bequem verfolgen, unterbrechen und sogar strecken. Sprache wird im Zusammenhang mit Bildern nicht nur verstanden, sondern erlebt – in einer konkreten kommunikativen Situation.

lebende bewegte Bilder

interkulturelle Informationen

Wie kein anderes Medium bietet das Video fremdsprachliche und landeskundliche Informationen. Handlungen und Verläufe können leicht erfasst werden. Paralinguistische Informationen zu Geschlecht, Alter, sozialem Status, Kleidung, Wohnort, Arbeitsplatz der Darsteller verleihen ihnen Glaubwürdigkeit. Sichtbare Handlung, Gestik und Mimik erleichtern Rückschlüsse auf ihre Gefühle und Stimmungen.

Und doch sind noch nicht alle Hürden genommen: Für den Fremdsprachenunterricht konzipierte oder aufbereitete Videos sind weiterhin teuer, ihre didaktisch-methodischen Qualitäten variieren stark. Im Vergleich zu aktuellen, kommerziellen, mit raffiniertester Technik produzierten Videos, DVDs und Filmen, die zum alltäglichen Medienkonsum der Jugendlichen gehören, lassen didaktisierte Materialien oft an Professionalität, Originalität und Modernität zu wünschen übrig.

Dieses Buch will keine neuen Argumente für die Nutzung des Mediums im Sprachenunterricht beisteuern. Wir möchten Ihnen vielmehr einen Führer an die Hand geben, der mithilfe praxisorientierter Methoden zeigt, wie Sie leicht verfügbare originalsprachliche Videos für ein großes Spektrum didaktischer Ziele verwenden können.

praxisorientierte Methoden

Wir sind überzeugt, dass bei der Auswahl keine linguistischen Einschränkungen notwendig sind. Wir wollen Sie vielmehr ermutigen, authentische Videos in Ihrem Unterricht einzusetzen – trotz komplexer Satzstrukturen, redundanter Sprache, Slang, schwieriger Akzente oder Dialekte, ungewohnter Intonationsmuster und Hintergrundgeräusche, die zunächst vielleicht als ernsthaftes Manko erscheinen mögen. Wir halten es für wünschenswert, Schülerinnen und Schüler (S) möglichst früh und oft mit „echter" Sprache zu konfrontieren. Dazu bereiten wir Videomaterial mit Methoden auf, die zu praktischen und den sprachlichen Fähigkeiten der S angemessenen Aufgaben führen. Spaß und Überraschung spielen dabei eine wichtige Rolle.

authentische Sprache

Über die Frage, was „echte" Sprache und „authentische" Videos sind, lässt sich natürlich trefflich streiten. Das wahre Dilemma, in dem wir Fremdsprachenlehrer uns befinden, ist jedoch eher ein praktisches. Wir wollen S in die Lage versetzen, Briten, Iren, Amerikaner usw. zu verstehen, dabei sollen sie trotz der Komplexität mancher Äußerungen nicht die Lust am Sprachenlernen verlieren. Hinzu tritt der Anspruch, Stunden so stimulierend wie möglich zu gestalten, ohne die Ernsthaftigkeit der sprachlichen Bemühungen aus den Augen zu verlieren. Unter „Authentizität" verstehen wir, dass Videomaterialien nicht mit Blick auf den Fremdsprachenlerner gemacht sind! Sicherlich sind die Ereignisse in einem Hollywood-Film nicht notwendigerweise mit realen Erfahrungen unserer Jugendlichen deckungsgleich – es wäre aber ein Fehler, visuelles Material außer Acht zu lassen, wo sich im Video kreativere Möglichkeiten der Nutzung anbieten als die einer reinen Hörverstehensübung.

Die Lehrerin, der Lehrer (L) muss sich nicht zum Sklaven des Dialogs und seiner Eigenheiten machen. Die wenigsten Menschen sehen einen Film allein seiner Redeanteile wegen. Die größte Attraktion sind die Bilder, sie beflügeln die Vorstellungskraft; durch visuelle Eindrücke werden S im Unterricht zu aktiven Hörern, die durch Arbeitsaufträge und *activities* ins Geschehen hineingezogen werden: Aus Popcorn essenden Konsumenten von Hollywood-Produkten werden sprachlich Handelnde.

activities
sprachliches Handeln

Das Buch zeigt Ihnen, wie ein großes Spektrum leicht erreichbarer (und relativ billiger) Videomaterialien im Fremdsprachenunterricht eingesetzt werden kann – Materialien, die bisher vielleicht als faszinierend, leider jedoch sprachlich zu schwierig und unangemessen angesehen wurden. Das Angebot ist groß. Sie können Kaufvideos aus dem englischsprachigen Ausland mitbringen, in heimischen Videotheken ausleihen, bei Verlagen oder Internet-Anbietern bestellen (z. B. www.amazon.com; www.lingua-video.com); Sie können das Verleihangebot von Landes- oder Stadtbildstellen und Ihrem Bekanntenkreis wahrnehmen und Filme über Mehrkanalton im Satelliten- und Kabelfernsehen aufnehmen.

Nahezu alle unsere methodischen Angebote beziehen sich auf kurze Filmausschnitte, die nie mehr als Filmzitate sein wollen. Die entsprechenden Stunden:Minuten:Sekunden-Angaben beziehen sich auf die Zeit nach dem ersten Bild des Films, zusätzlich finden Sie bei den Hinweisen zu den Worksheets (WS) immer noch eine kurze Beschreibung der Szenenanfänge zur einfacheren Identifizierung. Wir schlagen bei einigen Aufgaben vor, Film-Dialoge zur Verfügung zu stellen. Diese finden Sie reichlich im Internet. Die Internet Movie Data Base www.imdb.com und die deutsche www.filmzitate.de haben sich dafür als brauchbare Quellen erwiesen.

Verstehen Sie bitte unsere Filmvorschläge und die dazugehörigen WS auch als Beispiele. Denn grundsätzlich können Sie das Buch auf zweierlei Arten einsetzen:

- Sollten Sie einen vorgeschlagenen Film nicht haben, lassen sich die methodischen Ansätze problemlos auf andere Ausschnitte übertragen.
- Auch die Arbeitsblätter können Sie für andere Werke entsprechend adaptieren.

ein gutes Kochbuch!

Video-Ideen will Sie – wie ein gutes Kochbuch – inspirieren und Sie zum kreativen Experimentieren anregen.

Auswahl-Aspekte

Jeder Input hat seinen didaktischen Ort. Deshalb sollten Sie die Angaben zum Lernniveau als Hilfe zur ersten Orientierung sehen, denn wir glauben nicht, dass es der Film ist, der S überfordert, sondern eher der Arbeitsauftrag, der mit ihm einhergeht. Bei unserer subjektiven Auswahl der Videos haben wir unter anderem auf folgende Aspekte geachtet: jugendrelevante Themen, die auch bei der unterrichtlichen Behandlung eine Rolle spielen, Verfügbarkeit, Bekanntheitsgrad unter S, Action, Überraschungsmomente, visuelle Elemente und Humor.

praxiserprobt

Alle unsere Vorschläge sind praxiserprobt. Die **Video-Ideen** wurden von uns in Deutschland und im europäischen Ausland an Schulen, bei Sprachkursen des *British Council*, in der Ausbildung von Referendaren, in Fachdidaktikseminaren an Universitäten und bei der Weiterbildung von Englischkollegen eingesetzt.

ernsthafter Spaß

involvement

Lernen muss nicht notwendigerweise Spaß bereiten. Viele Menschen lernen Dinge recht effektiv ohne ein einziges Lächeln. Die allermeisten L wissen jedoch um die positiven Auswirkungen von Humor und Lachen und setzen in ihrem Unterricht gern darauf. Uns war es besonders wichtig, ernsthaften Spaß dem ernsthaften Ernst in jedem Fall vorzuziehen! Nicht alle methodischen Ansätze haben Spaß zum Ziel, in den meisten Fällen zielen sie aber auf die aktive Einbeziehung, das handlungsorientierte *involvement* der S ab. Unterrichten und Lernen sind schwierige, anstrengende und oft stressige Unterfangen. Das Buch bemüht sich, beides zu fördern und dennoch konstruktives Gekichere zu provozieren.

Harald Weißling
Bob Yareham

I Entdecken und erkennen
You can't always get what you want

Das kurzweilige Angebot der Fernsehsender und die Programmvielfalt rund um die Uhr auf zigfachen Kanälen beeinflussen in hohem Maß die Sehgewohnheiten unserer S. Ihr Gebrauch des Mediums legt den Schluss nahe, dass Filme, Fernsehsendungen und Videos in der Regel nicht besonders intensiv und analytisch rezipiert werden.

Schnittfolgen
Kameraführung

Virtuelle Räume, rasante Schnittfolgen, unruhige Kameraführung, außergewöhnliche Perspektiven, Veränderung der Bewegungsabläufe durch Beschleunigung und Verzögerung, Farbmanipulationen und viele andere technische Errungenschaften der modernen Elektronik lenken zudem oft von den Inhalten ab. Das Interesse an der Form einer Produktion, an ihrer Machart tritt verstärkt in den Vordergrund. Innovative Vorreiter sind dabei insbesondere Videoclips und Werbeproduktionen.

Andererseits eröffnen Kabel- und Satellitenübertragungen ein Fenster zur Welt. Der Empfang ausländischer Sender ist in den letzten zehn Jahren zur Normalität geworden. Dadurch kommt die Fremdsprache authentisch auf unsere Bildschirme, zeitgleich mit Sendungen im Quellenland.

Im Kino und beim Abspielen von Film-Videos zu Hause sind die Sehgewohnheiten anders als beim Fernsehen. In aller Regel handelt es sich hier um geplantes gemeinsames Anschauen mit anderen. Gespräche über das Gesehene sind die Norm, die Auseinandersetzung mit Themen, Charakteren und den Schauspielern spielt eine bedeutende Rolle für die Jugendlichen.

Im Sinne einer kritischen Medienerziehung gilt es, einem unreflektierten und beliebigen Konsum visueller Programme entgegenzuwirken:

- Die S werden bei den für sie interessanten Filmen und Programmen abgeholt.
- Sie werden mit Klassikern und Kassenschlagern des Films und mit deren Sprache vertraut gemacht.
- Sie lernen Gesehenes und Gehörtes präzise zu erkennen, zu beschreiben und in der Reflexion intellektuell zu verarbeiten.
- Sie üben die Verbalisierung in der Fremdsprache.

Die Videokassette ist dabei authentische Quelle. Was sich auf dem Bildschirm des Fernsehers tut, stellt den jederzeit abrufbaren und überprüfbaren Unterrichtsgegenstand dar.
Mithilfe der schülerorientiert produktiven *information gap technique*, die in den modernen Fremdsprachen-Lehrwerken bereits etabliert ist,

wird der situative Rahmen für die Versprachlichung geschaffen. *Information gap exercises* sind Übungen, in denen Gesprächspartner immer nur einen Teil der tatsächlich verfügbaren Informationen haben. Durch gegenseitiges Abfragen in Partner- oder Gruppengesprächen entsteht die sinnvolle und wirklichkeitsnahe kommunikative Situation der Informationsbeschaffung. Sie erlaubt die Einbettung in den größeren Kontext des Films und macht die Auswertung der Informationen möglich.

Um eine Informationslücke herzustellen, wird die Klasse in zwei Gruppen aufgeteilt: in sehende Zeugen und ermittelnde Detektive. Die Zeugen sehen im Klassenzimmer eine Videosequenz, während die Detektive den Raum verlassen müssen. Sie erhalten von dem L einen Report über die Ereignisse, die im Klassenzimmer über den Monitor laufen. Allerdings ist dieser Bericht an manchen Stellen fehlerhaft oder unvollständig.

So können Sätze, Satzteile, einzelne Wörter oder Beschreibungen von Ort, Zeit, Handlung, Charakteren, Objekten fehlen oder fehlerhaft sein (z.B.: *Little Red Riding Hood went into the forest and met a bear / Superman went into a supermarket and changed his clothes / Dennis the Menace was very kind to his neighbour / Kevin's parents forgot him … and he had to spend Christmas alone at home*).

Die richtigen oder falschen Teilinformationen sollen die Detektive mithilfe des Wissens der Zeugen überprüfen. Die Zeugen müssen beim Anschauen des Videos sehr gut aufpassen, da sie die späteren Fragen nicht kennen. Das Videogerät dient dabei als die authentische Quelle, deren Informationen ja jederzeit nachprüfbar bleiben.

Durch diese Aufgabenstellung wird die Videosequenz zum Ausgangspunkt kontextuell sinnvoller und eigenverantworteter sprachlicher Handlungen und inhaltlicher Erschließung. Von punktuellen Informationen ausgehend, erarbeiten sich die S eine profunde Kenntnis des Inhalts und erreichen ein deutlich intensiveres Textverständnis.

sitcoms
soap operas

Besonders geeignet für diese Art der Arbeit mit dem Medium Video sind die beliebten *sitcoms* und *soap operas,* aber auch Spielfilmsequenzen aus bekannten Filmen. Hier lassen sich leicht Ausschnitte finden, die eine klar strukturierte und nachvollziehbare Handlung in einem Rahmen haben, dessen Anfang und Ende eindeutig definiert sind. Durch rollentypische Charakterzeichnungen und damit verbundene spezifische Themen können die S an ihre persönlichen Sehgewohnheiten und -erfahrungen anknüpfen. Vergleiche mit den von ihnen geschätzten Filmen und Serien lassen sich so leichter anstellen.

Activity 1

Wie war es wirklich? *Tell me the truth*

- Die Klasse wird in zwei Gruppen aufgeteilt.
- Gruppe 1 schaut sich im Klassenzimmer eine Videosequenz an und macht sich im Anschluss Notizen in Form eines Erinnerungsprotokolls. Gruppe 2 geht in einen anderen Raum und erhält auf einem Arbeitsblatt eine Beschreibung des vorgespielten Materials, die jedoch eine Reihe sachlicher Fehler enthält.
- Gruppe 2 (die Detektive) wird vom L bei der Vorbereitung spezifischer Fragen, mit deren Hilfe Fehler identifiziert und korrigiert werden sollen, unterstützt. Dies kann beispielsweise ganz schematisch durch Hinterfragung aller relevanten Satzteile wie Subjekt, Prädikat und Objekt erfolgen oder – je nach Sprachstand der Lerngruppe – auf freie Art und Weise, die den S mehr Raum lässt, ihre detektivischen Fähigkeiten auszuschöpfen und adäquate Strategien zu entwickeln.
- Nach der Vorbereitungsphase treffen die Zeugen und die Detektive in Kleingruppen (1 Zeuge, 2 Detektive) aufeinander. Ziel der Fragenden ist es, von den genauer informierten Betrachtern des Videos Informationen zu erhalten, die die Bestimmung und Korrektur der fehlerhaften Textstellen erlauben.

Als zusätzliche Motivation kann L die Anzahl der Fehler nennen oder im Wettbewerb das beste Team mit den meisten korrigierten Fehlern bestimmen.

Zum Ende werden beim gemeinsamen Betrachten der Sequenz die Ergebnisse mit dem Video verglichen und die wahren Begebenheiten kommen an den Tag.

WS 1 *Tell me the truth* **(Blind Date)**

Lernniveau

Mittelstufe
Diese S lassen sich für das Detektivspiel und die Fehlersuche gut motivieren. Die sprachlichen Mittel für detaillierte Nachfrage sind ihnen bekannt, weiteres Vokabular aus der Videosequenz lässt sich zur Verfügung stellen. Die Fragestrukturen sind gefestigt.

Sprache

Erzählzeiten: *simple past, past continuous, past perfect*
Frageformen der drei Zeiten: *was/did, was doing, had been/done*
Subjekt- und Objektfragen
Temporalsätze: *then, after that, next …*

Vorbereitung

Bei jüngeren Lerngruppen kann man auch an die ausschließliche Verwendung des Präsens denken, das bei der Beschreibung von Texten und visuellem Material durchaus üblich ist.

Die S werden vor Einsatz des Videogeräts auf unbekanntes Vokabular des Streifens und die besondere Lexik, die für die Versprachlichung der Sequenz notwendig ist, vorbereitet.

Ein Teil der Klasse verlässt zur Vorbereitung der Befragung das Zimmer mit dem Videogerät.

Das Zahlenverhältnis zwischen Sehenden und Fragenden ist idealerweise 1/3 zu 2/3. Es hat sich in der Praxis als sinnvoll erwiesen, die leistungsstärkeren S als Zeugen einzusetzen, da ihre Aufgabe linguistisch anspruchsvoller ist.

Die Detektive arbeiten als Paare. Der Umfang der sprachlichen, grammatikalischen und strukturellen Hilfe zur Fragetechnik für die Detektive hängt von ihrem Sprachstand und der zur Verfügung stehenden Zeit ab. Um zu verhindern, dass einige S jede einzelne Frage vorbereiten und notieren, kann eine Wiederholung zum Grammatikthema Subjekt- und Objektfragen recht nützlich sein.

Erinnern Sie die Gruppen daran, dass die Aufgabe darin besteht, alle Fehler zu korrigieren, und dass deshalb nach jedem Detail auch gefragt werden muss.

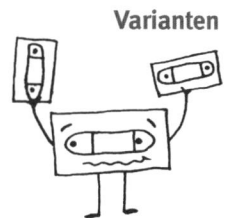

Varianten Um den S die Vorbereitung der Fragen zu erleichtern, können sich Untergruppen von Zeugen und Detektiven auf bestimmte Beobachtungsfelder beschränken: Ein Teil der Klasse konzentriert sich auf die Charaktere, ein anderer beobachtet die Handlungsabläufe genauer, ein dritter richtet sein Augenmerk auf Objekte. Dadurch wird das benötigte Vokabular eingegrenzt, die Vorbereitung der Fragen wird zeitökonomischer.

Anstelle eines kompletten Kommentars, also der Beschreibung der gesamten Sequenz, erhält die Gruppe 2 (Detektive) lediglich eine Reihe von Anhaltspunkten und Hinweisen. Dies können z.B. Schlüsselwörter, Zitate oder Sätze zu Teilaspekten des Ausschnittes sein.

Es gibt keinen zwingenden Grund, bei dieser Übung den Ton mitlaufen zu lassen. Als Redeanlass und Medienvergleich hat sie auch ohne den Höranteil ihre Berechtigung.

Charlie Chaplin-Film Ein kurzer Ausschnitt aus einem Charlie Chaplin-Film kann sich für eine Übung ohne Ton ganz hervorragend eignen, da es sich hierbei meistens um schnelle Handlungsfolgen in vielen klar gegliederten Sequenzen handelt. Die Charaktere lassen sich eindeutig zuordnen, der Inhalt wird skizzenhaft erzählt.

Beim Einsatz solcher Streifen lassen sich Unruhe und mögliche Probleme mit der Aufsichtspflicht umgehen.

Die Detektive können sich mit dem Rücken zum Fernsehgerät oder dahinter setzen. Die Texte, die die Detektive bekommen, enthalten dann ausschließlich Beschreibungen visueller Filmanteile.

Dieses Verfahren lässt sich aber auch mit Ton anwenden, wodurch die Detektive zusätzliche Hinweise erhalten. Sie können spekulieren, was den Szenen, deren Sprache und Musik sie nur hören, passiert.

[▣━▣] Eine Bildfolge kann ein- oder mehrmals ohne Ton vorgespielt werden. Der L steht dabei am besten hinter der Klasse und spricht einen *fehlerhaften* Kommentar. Charaktere können falsch beschrieben sein, Objekte durch ein Adjektiv unzutreffend bezeichnet, Handlungen durch Verben verändert werden, Abläufe durch Vertauschungen verfälscht sein.
In Einzel-, Partner- oder Gruppenarbeit sammeln und notieren die S anschließend, was nicht stimmte. Sie können ihre Ergebnisse untereinander oder im direkten Gespräch mit dem L vergleichen.
Das Anfertigen eines akkuraten Kommentars ist Abschluss und Ziel der Übung.

Projekte und
Aktivitäten

[◀━▶] In Partnerarbeit oder Kleingruppen erstellen die S eigene fehlerhafte Beschreibungen weiterer Videoausschnitte und lassen Klassenkameraden die „Fehler" suchen. Gute motivatorische Dienste können dabei Ausschnitte aus neuerer Fernsehwerbung leisten, da viele S mit ihr vertraut sind und die Aufgabe ihnen daher leichter erscheint.

[◀━▶] Ein gemeinsames Erlebnis aus vergangenen Tagen, ein Vorfall im Unterricht, auf Klassenfahrt oder im Landschulheim kann die Vorlage für einen verfälschten Report abgeben. Nach der bereits mehrfach beschriebenen Fehlersuche kann im Unterrichtsgespräch eruiert werden, wie verschiedene Personen als Zeugen Ereignisse wahrnehmen.
Gegenstand der Untersuchung wären hier z.B.:
Welche Personen handelten?
Wer war betroffen?
Was passierte?
Welche Handlungsabfolge wurde beobachtet?
Wo passierte etwas?
Was hat sich verändert?
Wie lange dauerte die Handlung?
...

[◀━▶] Mit verschiedenen englischsprachigen Zeitungen eines Tages lassen sich Artikel zum selben Ereignis vergleichen. Unterschiede in der Positionierung und Länge der Artikel, in ihrer Gewichtung und Bewertung des Ereignisses, in der Ergänzung durch Bildmaterial, in der Stilebene und andere adäquate Kriterien lassen sich herausarbeiten.

[◀━▶] Produktorientiertes Ziel einer solchen Auseinandersetzung mit Berichten kann dann die abschließende Formulierung eines eigenen Reports sein.

▣▭▭ Eine oder zwei Wochen nach dem intensiven Betrachten einer Videosequenz lässt sich durch die Aufgabe einer schriftlichen Neuferti-gung eines Kurzreports oder die mündliche Zusammenfassung verdeut-lichen, wie Zeit die Wahrnehmung verändert. Im Vergleich einzelner Ergebnisse lassen sich Unterschiede problemlos herausarbeiten.

| Activity 2 | **Still und leise** *Don't make a sound* |

- Die S erhalten eine Liste plausibler und anschaulicher Wörter, die alle im folgenden Videoausschnitt eine Rolle spielen oder zumindest spielen könnten.
- Sie betrachten dann gemeinsam den Filmteil ohne Ton und entschei-den ausschließlich aufgrund der visuellen Informationen, welches der Wörter tatsächlich auch im Dialog gesprochen werden könnte.
- Zum Schluss, bei einem zweiten oder dritten Vorspielen des Videos (diesmal mit Ton), können sie ihre Ergebnisse vergleichen und ihren Erfolg messen.

Abenteuerfilme
Actionfilme

Viele Abenteuer- und Actionfilme haben beispielsweise Verfolgungs-szenen mit Autos. Denkbare Vokabeln wären hier: *gangster, officer, passenger, police car, traffic light, fire, to overturn, to race off, to crash, fast, dangerous, cold-blooded ...*
Die Szenen und Sequenzen sollten so ausgesucht sein, dass die visuel-len Hinweise zum Vokabular passen und plausibel sind. Eine Reihe ver-führerischer Wörter, die zwar zu Bildern des Films passen, aber im Dialog nicht vorkommen, können als Distraktoren eingebaut werden.

Naturfilme

Viele Szenen in Naturfilmen z.B. beschreiben, erläutern und kommentie-ren genau die Handlungen, die gerade auf dem Bildschirm zu sehen sind. Dadurch erweisen sie sich als ideale Streifen für solche Übungen.
Diese *Activity* bietet sich geradezu an für die deiktische Einführung neuen Vokabulars. Ob die neue Lexik dann auf der Tonspur erscheint oder nicht, ist von untergeordneter Bedeutung. Die S werden auf jeden Fall motiviert sein, die Bedeutung der Wörter zu erinnern, damit sie überprüfen können, ob sie mit den visuellen Stimuli deckungsgleich sind. Die Beherrschung der neuen Vokabeln ist die Voraussetzung für die erfolgreiche Lösung der Aufgabe *(matching exercise)*, Lexik und Bild zusammenzubringen.

Lernniveau
Tierfilme

Unter- und besonders Mittelstufe
Für die jüngeren S bieten sich Tierfilme als Schwerpunkt an. In der Mit-telstufe können spannende handlungsstarke Ausschnitte im Vorder-grund stehen.

Sprache

Verben der Bewegung
Zeiten: *simple past, past progressive, present tense, present progressive*

Adjektive und Adverbien zur Beschreibung von Handlungsabläufen
Präpositionen zu Orten und Bewegungen

Vorbereitung

Als *pre-viewing activity* bietet es sich an, an die Vorerfahrungen der Klasse anzuknüpfen. Die S können sich an genretypische Szenen erinnern und diese beschreiben. Dies kann allein, mit einem Partner, in der Gruppe oder im Unterrichtsgespräch erfolgen. Wiederkehrende und üblicherweise zu erwartende Schlüsselwörter können gesammelt und im Tafelbild festgehalten und z.B. in *clusters,* Wortlisten oder als *mind map* geordnet werden.
Diese Liste kann nach Bedarf ergänzt werden, indem weitere szenenrelevante Wörter und Wortfelder aufgenommen werden.

Varianten

Anstelle eines schlichten Vokabulariums kann man der Klasse auch Satzteile, ganze Sätze, Zitate oder Dialogteile vorstellen. Die S betrachten das Video ohne Ton. Sie überlegen aufgrund der Bildkontexte und deren nonverbalen Informationen, welche Textteile wohl darin vorkommen. Auch hier können falsche Textelemente eingeschleust werden, um die Motivation bei der Suche zu erhören. Die Überprüfung der Ergebnisse erfolgt zum Schluss bei zugeschalteter Tonspur.

In einer *ranking exercise* erhalten die S eine beliebig angeordnete Liste von Wörtern oder Textteilen. Sie ordnen die Liste durch Nummerierung neu und legen die vermutete Abfolge im Dialog fest. Die Überprüfung erfolgt durch den Vergleich mit der Tonspur.

Die Klasse erhält eine Liste mit Wörtern oder Textteilen, die genau so auch im gewählten Filmausschnitt vorkommen, nicht aber notwendigerweise in der richtigen Reihenfolge. In einer *pre-viewing activity* werden die Schüler auf die Handlung eingestimmt. Sie sollen sich die Situation und die Stimmung vorstellen. Beim Betrachten des Videos ohne Ton sollen sie den Augenblick identifizieren, in dem der entsprechende Textteil vorkommt. Die Sequenz kann mehrfach betrachtet werden, die S können sich eine Begebenheit, einen Handlungsort, eine Person oder ein Objekt als Erinnerungshilfe notieren.
Sie vergleichen ihre Ergebnisse untereinander und überprüfen, wenn der Film ein letztes Mal mit Ton gezeigt wird.

WS 2   *Read my lips **(Titanic)***

Für weniger starke Schülergruppen oder zur intensiveren Beschäftigung mit Vokabular (Einführung oder Wiederholung) oder Grammatik bietet es sich an, die entsprechenden Textteile auf separate Blätter schreiben zu lassen. Das Videoband läuft ohne Ton, die Klasse hebt an der vermeintlich richtigen Stelle ihre Blätter hoch. Beim Zweitdurchlauf lässt sich überprüfen, ob die erste Einschätzung noch Bestand hat, aus der Kontrolle mit Ton ergibt sich die Gewissheit.

Ohne dass den S die Intention dieses *language drills* ganz deutlich wird, schleifen sie in einer *action exercise* lexikalische Begriffe und grammatikalische Strukturen situativ korrekt ein.

▭ Als kreative Variante mit spielerischem Wettbewerbscharakter können die S ihre eigenen Listen mit Wörtern oder Textteilen erstellen, die ihrer Meinung nach in einem tonlos vorgespielten Videoausschnitt vorkommen könnten. Die Anzahl (z.B. 10) wird vorab festgelegt. Kontrolliert wird durch das Vorspielen mit Ton. Wer die meisten Treffer hat, gewinnt.

Projekte und Aktivitäten

▭ Die S sammeln visuelle Informationen aus dem Videostreifen (z.B. alle Tiere einer Naturdokumentation), benennen sie (mit Unterstützung des L oder eines Wörterbuchs) und arrangieren das Wortmaterial in einer Vokabelliste, ergänzen sie und erstellen eine *mind map*.

▭ In einem arbeitsteiligen Verfahren sammelt die Klasse Wortfelder aus dem Streifen. In einem Tierfilm sucht Gruppe 1 Informationen über Landschaften und beschreibt sie, Gruppe 2 beobachtet die Menschen, die dort leben, Gruppe 3 beschreibt die Jahreszeiten. Die Erkenntnisse werden gesammelt und z.B. im Tafelanschrieb, auf der Folie, im Daueraushang auf einem Poster gesichert. Dieses Verfahren eignet sich besonders gut für den bilingualen Fachunterricht.

▭ Teilinformationen über Menschen, Dinge, Orte und Handlungen werden in einer *mind map* sinnvoll zueinander in Beziehung gebracht.

▭ Die S schreiben eine knappe Zusammenfassung der ohne Ton gesehenen Sequenz und korrigieren oder ergänzen sie, nachdem sie über die Tonspur mehr und detailliertere Kenntnisse haben.

▭ Statt einer Zusammenfassung erfolgt ein Medientransfer. Aus dem Videofilm wird ein Zeitungsartikel, eine Hörfunkreportage, ein Comic oder Cartoon.

Activity 3   **Hast du gehört?**   *He didn't say that, did he?*

Die Klasse erhält eine Liste von Dialogteilen aus einer Videosequenz, das können einzelne Wörter oder längere Textausschnitte sein. Die S sollen durch genaues Zuhören herausfinden, welche Passagen tatsächlich im Video zu hören sind. Den Unterschied zu einer reinen Hörverstehensaufgabe machen die visuellen Hinweise aus, die den S im Ausschnitt zur Verfügung stehen.

Sie können z.B. die Atmosphäre in der Stadt und die Stimmung ihrer Bewohner *(The Third Man)* verdeutlichen, den natürlichen Zusammenhang zwischen Bild, Thema und Sprache herstellen *(Santa Claus)* oder der Szene eine ganz unerwartete und unkonventionelle Wendung geben *(A Fish Called Wanda* 59.30*)*.

WS 3 *The world turned upside down **(A Fish Called Wanda)***

Lernniveau Unterstufe bis Oberstufe

Sprache Wortfelder
Kollokationen
Kontexte (Verhältnis Bild und Ton)
Überprüfung von Erwartungen an Filmszenen
Analyse textlicher und visueller Filmsprache

Vorbereitung L informiert S über den groben Handlungsrahmen des Videofilms.
S sammeln als *pre-listening activity* (Einzel- oder Partnerarbeit) Wortmaterial, dessen Vorkommen im Film sie vermuten oder sich als plausibel vorstellen.
Auf den WS erhalten die S eine Reihe von Textteilen, die sie im Videoausschnitt finden sollen.
Beim erneuten Ansehen überprüfen die S im Klassengespräch ihre Ergebnisse und korrigieren gegebenenfalls ihre WS.
Die S analysieren im Gruppen- oder Klassengespräch die Wirkung, die die kontextuelle Einbettung des Textes in eine Filmhandlung hat.

Varianten Gut geeignet für die Unterstufe: Die S erhalten eine kleine Reihe lexikalischer Überbegriffe (z.B. Körperteile, Landschaften, Weihnachtswörter o.ä.) und finden im Videoausschnitt Vokabeln, die diesem Wortfeld zuzuordnen sind. Zulässig sind aber nur gehörte Wörter. Visuelle Informationen werden nicht mitgezählt.

Die S erhalten eine Liste mit Textteilen, die sie entsprechend der Abfolge auf der Tonspur des Videos ordnen sollen. L kann falsche Beispiele hinzufügen, um die Aufmerksamkeit der S zu erhöhen. Diese Aufgabe ist auch gut geeignet zur neuerlichen Konfrontation der S mit schwierigen Schreibweisen oder problematischen Strukturen.

Die S erhalten alle Textteile eines Dialogs in einer beliebigen Abfolge. Sie sollen vor dem Betrachten des Videos herausfinden, in welcher logischen Reihenfolge die Textteile zueinander stehen und welchem der Sprecher sie zuzuordnen sind. Die Überprüfung erfolgt beim gemeinsamen Betrachten des Ausschnittes.

WS 4	*Say you, say me* **(Dead Poets Society)**
WS 5	*He said, he said* **(Twins)**

🔲 Die S erhalten eine Liste mit Dialogteilen und ermitteln, ob die Zitate richtig oder falsch sind. L kann zur Erhöhung der Aufmerksamkeit kleine Fehler oder falsche Textpassagen einbauen.

Projekte und Aktivitäten

📼 Eine videounabhängige Transferaufgabe ist die Bereitstellung eines Textes, den die S zu lesen bekommen. Nach der Lektüre gibt L der Klasse eine Liste von Wörtern oder Textausschnitten. Die S legen fest, welche Teile aus dem ursprünglichen Text stammen, welche nicht. Leistungsstarke S können sogar die chronologische Reihenfolge, in der die Textausschnitte erschienen sind, festlegen.

📼 L gibt der Klasse einen Paralleltext zum Video (z.B. **Santa Claus** und dazu einen Textauszug über Weihnachten). Die S finden Vokabular, das in beiden Medien Verwendung findet.

📼 Älteren S können englische Zitate aus aktuellen Publikationen vorgelegt werden. In kleinen Teams bestimmen sie Herkunft, Zusammenhang und Autoren der Texte (Sportlerinterview, Politikerstatement, Ankündigungen etc.).

Activity 4

Puzzles *Jigsaw*

- Bei dieser produktorientierten *Activity* arbeiten die S in Kleingruppen zu dritt. L gibt ihnen verschiedene Vokabellisten, die der Tonspur einer Videosequenz entnommen sind. Eine Gruppe erhält die Verben, eine andere die Adjektive, die dritte Substantive.
- Die Gruppen betrachten den Videoausschnitt und legen fest, welche der Vokabeln auf ihren Listen sie auch tatsächlich gehört haben.
- Dann werden die Gruppen neu aufgeteilt, sodass in jeder neuen Dreiergruppe ein ehemaliges Mitglied aus den ehemaligen Verb-, den Adjektiv- und den Substantivteams ist. Die neuen Gruppen schreiben eine Zusammenfassung der Szene, indem sie alle gehörten Wörter aufbrauchen. Der mündlich vorgetragene Kommentar begleitet das leise oder ohne Ton eingespielte Video zum Schluss.

Lernniveau

Unterstufe bis Mittelstufe

Sprache

Textwiedergabe
Zusammenfassung

L sucht einen geeigneten Videoausschnitt mit narrativem Text aus (z.B. Kinderserien, Tierfilme, Dokumentarstreifen, generell Material, das Sachverhalte erklären will).

L ordnet wichtiges und sinntragendes Wortmaterial nach Grammatikkriterien: Verb, Substantiv, Adjektiv.

Partnerarbeit: Je zwei S haben zwei Hälften des Videotextes. Diese bestehen aus ganzen Sätzen, sie sind ohne System und Reihenfolge abgedruckt. Integriert sind auch eine Anzahl falscher Textteile. Nach dem Betrachten des Videomaterials rekonstruieren die S den Text unter Auslassung der Distraktoren.

Partnerarbeit: Zwei S bekommen vom L Satzhälften, einer Anfänge, der andere Enden von Sätzen aus einem Videofilm. Nach dem Betrachten des Streifens versuchen die Partner eine möglichst große Zahl ihrer Satzhälften zu ganzen Teilen zusammenzusetzen. Auch hier können für leistungsstarke S fehlerhafte Teile eingebaut werden. Dies funktioniert ebenfalls gut mit längeren Textpassagen als Versatzstücken.

WS 6a/b   *End what you begin* **(Independence Day)**

Wie Variante 1 oder 2: Den S werden aber zwei ähnliche Videoszenen vorgespielt. Sie müssen die ihnen vorliegenden Texte einer der beiden Szenen zuordnen.

Independence Day

📼 Partnerwettbewerb in der ganzen Klasse. Die S sehen zwei Videosequenzen. Alle Partner A sollen die erste Sequenz rekonstruieren, alle Partner B die zweite. Die A- und B-Partner bekommen eine bunte Mischung von Satzhälften aus beiden Videos. Satzteile, bei denen sie sicher sind, sie gehören nicht zu ihrem Filmteil, geben sie nach dem ersten Ansehen ab. Beim zweiten und jedem weiteren Betrachten tun sie das Gleiche. Ziel ist es, den Textteil in der richtigen Reihenfolge zu rekonstruieren. Wer die meisten Satzhälften richtig eingesetzt hat, gewinnt.

📼 Wie die vorige Variante: Die Partner A der Klasse sehen nur ihren ersten Videostreifen, Partner B nur den zweiten. Weiterhin haben sie aber Satzanfänge und -enden aus beiden Videos. Dadurch fehlt den Partnern nun die Textkenntnis des jeweils anderen Videos, das erschwert die Lösung. Partner A muss seinen Sequenztext richtig verstehen und behalten, damit er Satzteile richtig zitieren kann, um von Partner B die richtige andere Hälfte zu bekommen. (Es bleibt dem L überlassen, ob die S zuerst das Videoband oder das schriftliche Material sehen.)

Activity 5   Passt, passt nicht   *The odd one in*

Ziel der *Activity* ist es, bei den S genaues Beobachten und Zuhören bei Filmsequenzen zu fördern. Auf spielerische Art werden Fehler gesucht und Lücken ausgefüllt. Die S haben eine Liste mit Textteilen des vorgestellten Videos. Auf dem Ausdruck ist pro Satz ein falsches Wort vorhanden, das die S finden sollen.

Diese *Activity* ist besonders gut geeignet, um die Aufmerksamkeit der S auf Grammatikphänomene oder z.B. Wortstellung zu lenken.

Lernniveau   alle Stufen

Sprache   Hilfe bei Grammatikproblemen
Relativpronomen
Synonyme
Antonyme
Wortstellung und Satzbau

Vorbereitung   Nachdem L ein spezifisches Problem seiner Klasse identifiziert hat, kann er mithilfe dieser *Activity* Abhilfe schaffen. So können z.B. Relativpronomina fehlen, falsche Frageformen mit und ohne *to do* benutzt werden oder falsche Verbformen und Vergleiche. Im Vergleich mit dem Videoband können sich die S die richtigen Sätze erarbeiten, die Fehler ausmerzen und so ihre Sprachkenntnisse verbessern.

Varianten

🔲 Der Textteil enthält ein zusätzliches Wort statt eines falschen.

🔲 Es fehlt ein Wort.

🔲 In einem Textteil fehlen alle Vokale oder Konsonanten.

🔲 Jedes ca. fünfte oder zehnte Wort fehlt im Text.

🔲 Die Wortstellung ist durcheinander geraten.

🔲 Synonyme oder Antonyme stehen an der Stelle der Originalwörter.

Obwohl die *Activity* und ihre Varianten sich auf Hörverstehensaufgaben konzentrieren, ist es ratsam, das visuelle Umfeld der Tonspur mit in Betracht zu ziehen, damit der jeweilige Kontext erschlossen werden kann. So wird die Verbindung zwischen sprachlich formaler Arbeit und Inhalt hergestellt.

Activity 6   **Ich sehe was, was du nicht siehst**
Mine's bigger than yours

- Die S vergleichen bei diesem methodischen Ansatz Videoausschnitte, die gewisse Ähnlichkeiten haben, ohne identisch zu sein.
- L können sich der Originale und Neuverfilmungen bedienen von solchen Filmen wie *Sabrina, Dracula, King Kong, Cape Fear, The Postman Always Rings Twice* oder Filmen mit mehreren Teilen und den gleichen Schauspielern wie z.B. *Star Wars, Batman, Superman* etc.
- In *Crocodile Dundee 2* und *Darkman* gibt es Szenen, in denen die Helden durch geschlossene Fenster in Räume springen. In *Lethal Weapon 1* (28.00), *Accidental Hero* und *Crocodile Dundee 2* (18.00) tauchen Selbstmordszenen auf, bei denen Menschen an Dachkanten hängen.
- Im Film *Groundhog Day* (07.00, 17.00, 24.00) mit Bill Murray wird dieselbe Szene mehrfach und verändert wiederholt, da ein Mensch dazu verdammt ist, denselben Tag erneut zu durchleben.
- L zeigt verschiedene Szenen desselben Films oder zweier verschiedener Filme. Die S sollen Unterschiede und Ähnlichkeiten herausfinden. Die Partnerübung ist eine *information gap exercise*, da jeder S nur eine Sequenz zu sehen bekommt.
  Im Gespräch miteinander können die beiden Filmausschnitte verglichen werden.

Lernniveau   besonders Mittelstufe

Sprache   Vergleiche anstellen

Steigerungsformen anwenden
Eigenschaften beschreiben
Ortsangaben machen

Vorbereitung

Dieser Arbeitsauftrag lenkt die Aufmerksamkeit der S auf Unterschiede zwischen Filmsequenzen. Es handelt sich dabei um eine dynamischere Version des bekannten alten Bilderrätsels, bei dem die kleinen Unterschiede zwischen zwei nahezu identischen Versionen einer Abbildung gefunden werden sollen: S üben die genaue Beobachtung und stellen Vergleiche an.

L übergibt eine Reihe von Vokabeln, die sich auf zwei verschiedene Sequenzen beziehen. Der Wortschatz wird gemeinsam besprochen, neue Lexik eingeführt. Die S spekulieren im Anschluss über die Art der Sequenz, die sie anschauen werden (Menschen? Orte? Handlung? Atmosphäre? ...). Daraus entwickeln sie Kategorien und ordnen das Vokabular unter selbst gewählten Stichwörtern an.

Nach der Vokabelentlastung und der ersten Bereitstellung von Redemitteln wird die Klasse in zwei Gruppen eingeteilt, die nacheinander jeweils eine der beiden Filmsequenzen sehen. Anschließend treffen sich Partner aus den beiden Klassenhälften, um in Partnerarbeit oder in kleinen Gruppen ihre beiden Filmausschnitte zu vergleichen und Unterschiede und Gemeinsamkeiten herauszuarbeiten.

Schriftliche Arbeitsformen können angeschlossen werden. So können als Hausaufgabe Handlungsabläufe in Reportagen zusammengefasst werden, Zeitungsartikel und Polizeiberichte entstehen. Im folgenden Unterricht können die S sich ihre komplexeren Beschreibungen gegenseitig vorstellen und vergleichen.

Varianten

S sehen zwei Filmausschnitte und identifizieren gleiche oder ähnliche visuelle Stimuli wie zum Beispiel Bekleidung, Handlung oder Gesten.

Nachdem eine Schülergruppe einen und die zweite Gruppe einen anderen Filmausschnitt gesehen hat, gibt L den S eine Reihe von Fragen oder Aussagen, die aber nur für einen der beiden Ausschnitte relevant sind. Die S einer Gruppe suchen sich die Fragen heraus, von denen sie annehmen, dass sie sich auf den Filmausschnitt beziehen, den sie nicht gesehen haben.

L gibt den S eine Liste mit vergleichenden Aussagen (welcher Held größer ist, welches Wetter besser ist, welche Stadt moderner erscheint ...). Die S erkennen daraus, ob es sich um die von ihnen gesehene Sequenz handelt. Im Anschluss entwickeln sie eigene Superlative, von denen sie annehmen, dass sie für ihren Film zutreffend sind. Bei der späteren Betrachtung beider Ausschnitte lässt sich erkennen, wer die richtigen Annahmen getroffen hat.

Projekte und Aktivitäten

▣ Zwei oder mehr S oder Schülergruppen erhalten Informationen zu je einem Videoausschnitt, zu dem sie einen Dialog erfinden. Die Dialoge werden zunächst untereinander verglichen und auf Plausibilität untersucht. Dann erfolgt der Abgleich mit der authentischen Filmsequenz.

▣ Nachdem die Dialogschreiber ihre Szenen entworfen und vorgestellt haben, zeichnen die S ein Bild, einen Cartoon oder Comic, um sich noch vor dem Betrachten des Videos eine bildliche Vorstellung zu machen.

Hinweise zu den Worksheets

WS 1 *Tell me the truth*

Film *Blind Date* (44:30)

Beginn der Handlung Bruce Willis und Kim Basinger parken ihr Auto nachts vor einem Haus.

Unterrichtsziel Der Filmausschnitt bietet zunächst Gelegenheit, Fragen und Antworten einzuüben, sodass jeder einzelne Detektiv durch die Sicht der Zeugen und mithilfe anderer Detektive sich ein akkurates mentales Bild der Ereignisse machen kann.
Für eine zusätzliche Attraktion sorgt die *information gap technique*, denn jede Gruppe hat Informationen, die die andere braucht. Daraus ergibt sich die Motivation, in der Fremdsprache miteinander zu kommunizieren.
Die gemeinsame Richtigstellung der Fehler und die Überprüfung des Erfolgs sind das Ziel.

Ablauf Teilen Sie die Klasse in zwei Gruppen (Zeugen und Detektive). Partnerarbeit in Zweierteams ist genauso möglich wie die Zusammenstellung von Gruppen unterschiedlicher Größe.
Die Zuschauer werden in erster Linie ihr Hörverstehen üben und in geringerem Maß sprechen, die Detektive werden Fragen erarbeiten, die sie später stellen.
Sagen Sie der Gruppe der Zeugen, dass Sie gleich einen Filmausschnitt zeigen werden und dass die S über das berichten sollen, was sie sehen. Die Dialogteile des Films sind dabei eher nebensächlich. Bitten Sie die S, alle Objekte und Handlungen, deren englische Bezeichnung sie nicht kennen, nach dem Betrachten der Sequenz aufzuschreiben.
Gehen Sie mit den Detektiven außerhalb des Klassenzimmers den Text des WS durch und erklären Sie ihnen, dass sie alle Fehler darin durch detaillierte Fragen finden sollen. Erinnern Sie sie an die strukturellen Unterschiede bei Subjekt- und Objektfragen. Geben Sie, wenn nötig, noch ein paar Beispiele.

Fordern Sie nun auf, die Fragen vorzubereiten und gehen Sie zur anderen Gruppe.

Zeigen Sie den Zeugen den Filmausschnitt zweimal und besprechen Sie mit den S die unbekannte Lexik.

Bringen Sie die Detektive in die Klasse zurück und erinnern Sie sie, ihre WS vor den Zeugen zu verbergen.

Die Detektive befragen die Zeugen nach einzelnen Aspekten des Filmausschnitts und versuchen die Fehler im Text ihres WS zu finden.

Gehen Sie durch die Gruppen und halten Sie sich für Nachfragen zur Verfügung.

Lassen Sie am Schluss die Detektive ihre Ergebnisse präsentieren. Besprechen Sie unterschiedliche oder fehlerhafte Ergebnisse.

Zeigen Sie den Filmausschnitt der ganzen Klasse.

Lösung
It was night-time.
The car was white.
The woman tripped a little in the garden, not the man.
Only the woman laughed.
The thieves were robbing pieces of the car.
The thieves put the gun to the man's head.
No one tried to stop them.
They threw a gun in the car when the police arrived, not at the man.
The police didn't chase the thieves.
They only tested the man for drunkenness, so the woman didn't fail although she was drunk.

WS 2   ***Read my lips***

Film   ***Titanic*** (1:40:00)

Beginn der Handlung   Leonardo di Caprio wird des Raubes bezichtigt und abgeführt.

Unterrichtsziel   S sollen in einer *matching exercise* Dialog und Bild durch logische Schlüsse in Verbindung bringen und darüber spekulieren, wer mit wem spricht.

Die S sollen dabei besonders auf die Klassenunterschiede der Personen achten, da diese in dem Film ***Titanic*** eine ganz herausragende Bedeutung haben.

Ablauf   Geben Sie den S zunächst das WS mit den Zitaten und lassen sie es lesen. Lassen Sie die S über den Filmtitel noch im Unklaren.

Fragen Sie die S, welche Person oder Personengruppe an Bord eines Luxusdampfers solche Sätze sprechen könnte und zu wem.

Dazu sammeln Sie mit den S Personengruppen und notieren sie auf Folie oder an der Tafel. Aus Gründen der Zeitökonomie und zur lexikalischen Vorentlastung können Sie auch eine Liste solcher Personen vorbereiten und zur Auswahl anbieten.

In alphabetischer Reihenfolge sind das: *captain · engineer · first-class passenger · musicians · orchestra leader · owner · poor passenger · radio operator · ship official · steward.*

Die S spekulieren allein oder in kleinen Gruppen, welchem Passagier oder Besatzungsmitglied welcher Satz zuzuordnen ist. Sie informieren sich gegenseitig über ihre Ergebnisse und begründen sie.

Spielen Sie dann die Sequenz *ohne Ton* vor und lassen Sie die S die Situationen und die exakten Augenblicke bestimmen, in denen die Sätze gesprochen werden. Die S notieren dabei das jeweilige Szenenbild. Wünschen Sie eine lebhaftere Atmosphäre, dann lassen Sie die S vorbereitete Blätter mit der Ziffer des vermuteten Satzes hochhalten.

Nach dem Ende der Sequenz gehen Sie mit den S die Lösungen durch und identifizieren mit ihnen den genauen Augenblick, in dem ein Satz des WS zu hören ist. Dabei werden Sie vor- und zurückspulen und das Video im Standbild *(freeze frame)* anhalten.

Wenn die S sich auf alle Sätze festgelegt haben, spielen Sie das Video *mit Ton* vor, damit die S sehen können, wie recht sie hatten.

Lösung   Die korrekte Reihenfolge ergibt sich aus den Zahlen in Klammern:

1. They've all gone back inside, too damn cold and noisy for them … (7)
   Two ship officials referring to first-class passengers
2. Now please dress warmly, it's quite cold out tonight … (4)
   Ship official speaking to first-class passengers
3. She says they can be here in four hours … (11)
   Radio operator to captain
4. Look, this ship can't sink! (1)
   Owner to engineer
5. Everybody out, lifebelts on! (5)
   Steward to poor passengers
6. Like the captain said, nice and cheery so there's no panic … (13)
   Orchestra leader to musicians
7. I believe you may get your headlines … (3)
   Captain to owner
8. I'd like a cup of tea when I return … (8)
   First class passenger to steward
9. I assure you she can and will. It's a mathematical certainty. (2)
   Engineer to owner
10. Hadn't we better get the women and children into the boats, sir? (12)
    Official to captain

11. In an hour or so all this will be at the bottom of the Atlantic ... (10)
    Engineer to first-class passenger
12. Tell whoever responds that we're going down ... (6)
    Captain to radio operator
13. I see it in your eyes. Please tell me the truth ... (9)
    First-class passenger to engineer

WS 3 **The world turned upside down**

Film ***A Fish Called Wanda*** (59:30)

Beginn der Handlung Kevin Kline verlangt von John Cleese eine Entschuldigung, dann hängt er ihn kopfüber aus dem Fenster.

Unterrichtsziel Mit viel Spaß soll eine Sprechabsicht thematisiert und eingeübt werden. Dabei wird auf die Kontextualisierung von Sprache geachtet.

Ablauf Fragen Sie S, wie oft sie sich in der letzten Zeit entschuldigt haben.
Lassen Sie sie in Partnerarbeit eine Liste all der Situationen anfertigen, für die sie sich entschuldigen würden.
Lassen Sie zwei Partner ihre Ergebnisse vorstellen, sichern Sie sie an der Tafel oder auf dem Tageslichtprojektor. Andere Partner können die Liste mit ihren Vorschlägen ergänzen.
Tragen Sie nun mit Ihren S in einem zweiten Anschrieb eine Liste mit Redemitteln zusammen. Sammeln Sie Vokabeln und Ausdrücke, die man für Entschuldigungen braucht.
Teilen Sie jetzt das WS aus und lassen sie die S die Ergebnisse von der Tafel oder Folie übertragen.
Dann stellen die S fest, welche ihrer Redemittel aus dem Anschrieb sich mit denen auf dem WS decken.
Erklären Sie den S, dass sie einen Filmausschnitt sehen werden, in dem sich jemand entschuldigt. Nur einige der Satzanfänge auf dem WS finden sich auch im Film. Welche dies sind, sollen die S aus der Sequenz heraushören.
Dieser Filmausschnitt kann als Grundlage für eine Dialogisierung/ein Rollenspiel dienen.

Lösung 1. *I deeply regret ...*
2. *I apologise ...*
3. *I offer a complete and utter retraction ...*
4. *I'm really, really sorry ...*

WS 4	**Say you, say me**

Film	***Dead Poets Society*** (25:30)

Beginn der Handlung	Im Speisesaal der Schule nach dem Gebet.

Unterrichtsziel	Aus den Einzelteilen des Dialogs soll ein logisches Gespräch wieder hergestellt werden. Dabei lernen die S, sich auf die interaktive Form eines Dialogs zu konzentrieren. Sie erkennen, dass ein Gespräch im Wesentlichen aus rückbezüglichen Aussagen besteht.

Teilen Sie das WS aus und geben Sie den S Zeit, es aufmerksam zu lesen. Fragen Sie die Klasse, ob sie den Diskussionsgegenstand im Dialog erkennen. Fragen Sie, wer die Gesprächspartner sein könnten und an welchem Ort, in welcher Situation der Dialog stattfinden könnte.
Lassen Sie in einer Partnerarbeitsphase die einzelnen Sätze den beiden Person zuordnen.
Lassen Sie die S je zwei Sätze durch Linien verbinden, so dass Aussage und Antwort einander gegenüberstehen.

Die S sollen dann, den Dialog in seiner richtigen Reihenfolge rekonstruieren.
Das Ergebnis wird anhand des Filmausschnitts überprüft.

Lösung	

1. *Quite an interesting class you gave today, Mr Keating.*
2. *Sorry if I shocked you, Mr Macallister.*
3. *Oh, there's no need to apologize. It was fascinating, misguided though it was.*
4. *You think so?*
5. *You take a big risk by encouraging them to become artists, John. When they realise that they're not Rembrandts, Shakespeares or Mozarts, they'll hate you for it.*
6. *We're not talking artists, John, we're talking freethinkers.*
7. *Freethinkers at 17?*
8. *Funny, I never pegged you as a cynic.*
9. *I'm not a cynic. A realist. Show me the heart unfettered by foolish dreams and I'll show you a happy man.*
10. *But only in their dreams can men be truly free. It was always thus, and always thus will be.*
11. *Tennyson?*
12. *No, Keating.*

WS 5	***He said, he said***
Film	***Twins*** (15:00)
Beginn der Handlung	Arnold Schwarzenegger geht ins Gefängnis, um seinen Zwillingsbruder (Danny de Vito) zu besuchen. Die Sequenz endet auf dem Parkplatz.
Unterrichtsziel	Die S entscheiden, ob die Sätze 1 bis 14 jeweils Julius oder Vincent oder vielleicht keinem von beiden zuzuordnen sind. Danach legen sie die Reihenfolge fest, in der sie gesprochen werden. Im Einleitungstext auf dem WS erhalten sie einige Informationen zu den beiden Personen des Filmausschnitts. Daraus sollen sie logische Schlüsse ziehen, die ihnen die Entscheidung erleichtern, oder entsprechend der gezeigten Situation spekulieren.
Ablauf	Stellen Sie Ihren S die beiden Personen und die Situation vor, die auf dem WS beschrieben ist. Lassen Sie die S aufgrund dieser Informationen entscheiden, wer von den beiden wohl welchen Satz sprechen wird. Führen Sie zur Überprüfung den Ausschnitt vor.

Sie können mit einer leistungsfähigen Gruppe auch eine Stilanalyse machen und Vincents Gebrauch von Ironie herausarbeiten.

Lösung 1	A *The moment I sat down I thought I was looking into a mirror.*	*Vincent*
	B *How did you know this was my car?*	*Vincent*
	C *I feel pain whenever you do.*	
	D *I'm looking for Vincent Benedict.*	*Julius*
	E *We're not identical twins.*	*Julius*
	F *This is no place to spend the rest of your life.*	
	G *I'll pay right now.*	*Julius*
	H *I've been looking forward to this moment my whole life.*	*Julius*
	I *I'm your twin brother.*	*Julius*
	J *You must let me help you get out of here.*	*Julius*
	K *It'll be difficult to get used to having you here.*	
	L *I'll be anything you want.*	*Vincent*
	M *I know you don't know who I am.*	*Julius*
	N *This is absolutely incredible.*	*Julius*

Lösung 2	1. D *I'm looking for Vincent Benedict.*
	2. H *I've been looking forward to this moment my whole life.*
	3. N *This is absolutely incredible.*
	4. M *I know you don't know who I am.*
	5. I *I'm your twin brother.*
	6. A *The moment I sat down I thought I was looking into a mirror.*

7. E *We're not identical twins.*
8. J *You must let me help you get out of here.*
9. E *I'll be anything you want.*
10. G *I'll pay right now.*
11. B *How did you know this was my car?*

<table>
<tr><td>WS 6 A/B</td><td>

End what you begin
</td></tr>
</table>

WS 6 A/B

End what you begin

Film

Independence Day (1:42:30)

Beginn der Handlung

Der Präsident der Vereinigten Staaten von Amerika befindet sich vor einem Flugzeughangar. Er steigt auf eine Kiste, um mit einem Megaphon eine Rede zu halten.

Unterrichtsziel

In diesem Ausschnitt bemüht sich der Präsident darum, seine Piloten auf ihre große Aufgabe einzustimmen.
Die S versuchen, sich die Situation vorzustellen. In einem ersten Arbeitsschritt sollen sie Sätze, die nach ihrer Ansicht in der Rede des Präsidenten enthalten sein könnten, notieren. Im zweiten ergänzen sie Satzanfänge oder –enden auf ihren jeweiligen WS und vergleichen das Ergebnis mit den Texten, die sie sich ausgedacht hatten.

Ablauf

Erklären Sie die Situation, die der Filmausschnitt wiedergibt. Fragen Sie die S, welche Dinge der Präsident ansprechen könnte, welchen Appell er an seine Piloten richten wird.
Teilen Sie die Klasse in zwei Gruppen (A und B), geben Sie den S jeder Gruppe das entsprechende WS (6 a oder b). Fordern Sie die Gruppen auf, im Team darüber zu spekulieren, wie ihre Satzhälften jeweils ergänzt werden könnten.
Lassen Sie für die nächste Arbeitsphase jeweils einen Partner A einem Partner B gegenüber sitzen. Die S sollen dabei das WS des Partners nicht lesen können. Jeder S liest nun seine Textteile deutlich vor, sodass der Partner sie akustisch und inhaltlich versteht und seine eigenen Satzhälften ergänzen kann.
Wenn die S diese Aufgabe gelöst haben, sagen Sie ihnen, dass einer der beiden Partner die Sätze auf dem Arbeitsblatt in der richtigen Reihenfolge hat. Lassen Sie herausfinden, wer das ist.
Zeigen Sie den Ausschnitt, damit die S ihre Ergebnisse überprüfen können.

Lösung

WS 6A hat die richtige Reihenfolge
1. *In less than an hour aircraft from the area ... will join others from around the world.*
2. *And you will be launching the largest aerial battle ... in the history*

of mankind.

3. *Mankind. That word should ... have new meaning for all of us today.*
4. *We can't be consumed ... by our petty differences anymore.*
5. *We will be united ... in our common interests.*
6. *Perhaps it's fate that ... today is the fourth of July.*
7. *And you will once again be ... fighting for our freedom.*
8. *Not from tyranny, oppression or persecution ... but from annihilation.*
9. *We are fighting for our right ... to live, to exist.*
10. *And should we win the day ... the fourth of July will no longer be known as an American holiday.*
11. *But as the day when the world declared in one voice ... we will not go quietly into the night.*
12. *We will not vanish ... without a fight.*
13. *We're going to live on ... we're going to survive.*
14. *Today we celebrate ... our Independence Day.*

Tell me the truth

The other group of students is going to see a scene from a film. You have a description below of the scene, but it contains a number of mistakes.

Decide what questions you need to ask in order to find and correct the mistakes. Remember that the mistakes can be any small details, so you must ask specific questions about each part of each sentence: subject, verb, object, adjective, etc.

One afternoon a man and a woman drove up to a house in a green car. They got out of the car and walked towards the house. The man fell over in the garden. As they stood in front of the house it disappeared, which made them both laugh. While this was happening some thieves tried to steal the car. The man realised what was happening and chased the thieves. Suddenly three more thieves arrived and put a gun to the woman's head. The man returned and tried to stop them. Just then the police arrived and one of the attackers threw a knife at the man. It missed him and went into the car. The man explained to the police what had happened and one of the policemen chased the thieves. The other policeman tested the man and woman for drunkenness. Although the man passed the test, the woman failed.

Read my lips

The following are quotes by people on the Titanic *in the scene from the film in which the ship is sinking.*

● *Try to imagine who is speaking to whom, what they are speaking about, and how much they know about what is happening.*

1. They've all gone back inside, too damn cold and noisy for them.

2. Now please dress warmly, it's quite cold out tonight.

3. She says they can be here in four hours.

4. Look, this ship can't sink!

5. Everybody out, lifebelts on!

6. Like the captain said, nice and cheery so there's no panic.

7. I believe you may get your headlines.

8. I'd like a cup of tea when I return.

9. I assure you she can and will. It's a mathematical certainty.

10. Hadn't we better get the women and children into the boats, sir?

11. In an hour or so all this will be at the bottom of the Atlantic.

12. Tell whoever responds that we're going down.

13. I see it in your eyes. Please tell me the truth.

● *Now watch the scene without the sound and try to identify the moment when you think each of the lines is spoken. Note down what was happening at that moment and who you think was speaking.*

The world turned upside down

Write down from the blackboard different ways to apologise, in both formal and informal situations.

Look at the following phrases. How many of them match yours?

1. I deeply regret …

2. You really must excuse me …

3. I apologise …

4. I really must apologise …

5. I offer a complete and utter retraction …

6. I'm really, really sorry …

7. I can't tell you how sorry I am …

8. Please forgive me …

● *Now watch the scene. How many of the above phrases appear in it?*

Say you, say me

Here is a complete dialogue between two teachers.
The order of the lines, however, has been mixed up.
Work out a logical order.

A But only in their dreams can men be truly free. It was always thus, and always thus will be.

B You think so?

C Freethinkers at 17?

D Quite an interesting class you gave today, Mr. Keating.

E Tennyson?

F Oh, there's no need to apologize. It was fascinating, misguided though it was.

G Funny, I never pegged you as a cynic.

H No, Keating.

I Sorry if I shocked you, Mr. Macallister.

J We're not talking artists, John, we're talking freethinkers.

K I'm not a cynic. A realist. Show me the heart unfettered by foolish dreams and I'll show you a happy man.

L You take a big risk by encouraging them to become artists, John. When they realise that they're not Rembrandts, Shakespeares or Mozarts, they'll hate you for it.

Order:

1. ☐   5. ☐   9. ☐
2. ☐   6. ☐   10. ☐
3. ☐   7. ☐   11. ☐
4. ☐   8. ☐   12. ☐

He said, he said

In this scene Julius finally finds his "twin" brother Vincent in a prison. While Julius knows they are twins, Vincent doesn't, and he doesn't believe it when he is told. Julius is very innocent, having had a privileged intellectual upbringing, whereas Vincent is streetwise and cynical, having had little or no affection or help as a child.

What kind of things would you expect these two people to say in this situation?

Before watching, look at these quotes from the scene. Which of the two characters do you think says each one?

		Julius	Vincent
A	The moment I sat down I thought I was looking into a mirror.	☐	☐
B	How did you know this was my car?	☐	☐
C	I feel pain whenever you do.	☐	☐
D	I'm looking for Vincent Benedict.	☐	☐
E	We're not identical twins.	☐	☐
F	This is no place to spend the rest of your life.	☐	☐
G	I'll pay right now.	☐	☐
H	I've been looking forward to this moment my whole life.	☐	☐
I	I'm your twin brother.	☐	☐
J	You must let me help you get out of here.	☐	☐
K	It'll be difficult to get used to having you here.	☐	☐
L	I'll be anything you want.	☐	☐
M	I know you don't know who I am.	☐	☐
N	This is absolutely incredible.	☐	☐

● *Now watch the scene and see which of the quotes you guessed correctly. Be careful! Not all of them are actually in the scene!*

● *Watch again and place the quotes in the order in which they are spoken in the scene.*

Order:

1. ☐	4. ☐	7. ☐	10. ☐	13. ☐
2. ☐	5. ☐	8. ☐	11. ☐	14. ☐
3. ☐	6. ☐	9. ☐	12. ☐	

End what you begin

In the scene you are going to see, the president of the United States makes a speech to try to inspire his pilots, who are preparing to make a last desperate attack against the seemingly unstoppable alien invaders. What would you expect him to say in these circumstances?

● *Here are the beginnings of the president's statements. How do you think each one might continue?*

1. In less than an hour, aircraft from the area ...

2. ... you will be launching the largest aerial battle ...

3. Mankind. That word should ...

4. We can't be consumed ...

5. We will be united ...

6. Perhaps it's fate that ...

7. And you will once again be ...

8. Not from tyranny, oppression or persecution ...

9. We are fighting for our right ...

10. And should we win the day ...

11. But as the day when the world declared in one voice ...

12. We will not vanish ...

13. We're going to live on ...

14. Today we celebrate ...

● *Now watch the scene and try to complete each quote.*

● *Check your answers with a B-partner, who has the other part of each quote, and see how accurate your guesses were.*

End what you begin

WS 6B

In the scene you are going to see, the president of the
United States makes a speech to try to inspire his pilots,
who are preparing to make a last desperate attack against the
seemingly unstoppable alien invaders. What would you expect him
to say in these circumstances?

● Here are the endings of the president's statements. How do you think
each one might begin?

1. ... but from annihilation.

2. ... our Independence Day.

3. ... will join others from around the world.

4. ... the fourth of July will no longer be known as an American holiday.

5. ... we're going to survive.

6. ... we will not go quietly into the night.

7. ... without a fight.

8. ... in the history of mankind.

9. ... in our common interests.

10. ... by our petty differences anymore.

11. ... today is the fourth of July.

12. ... have new meaning for all of us today.

13. ... fighting for our freedom.

14. ... to live, to exist.

● Now watch the scene and try to complete each quote. Note that the quotes
are not in the correct order.

● Check your answers with an A-partner, who has the other part of the quotes,
and see how accurate your guesses are.

II Beschreiben
Every picture tells a story

Eine Videoaufnahme setzt sich in der Regel aus Ton- und Bildspur zusammen. In diesem Kapitel stehen die Bilder im Vordergrund. Wir wollen aufzeigen, wie man ihre Aussagekraft für den Fremdsprachenunterricht nutzbar machen kann.

Tonspur
Bildspur

Zu erkennen, dass die Botschaft eines Gesprächs nicht ausschließlich oder gar nicht im Text zu suchen ist, sondern sich vielleicht in der Art, wie Menschen miteinander reden, ausdrückt, ist ein wichtiges Lernziel für S. Durch das Augenmerk auf paralinguistische Informationen kann ihre kommunikative Kompetenz, die sie im Fremdsprachenunterricht durch die überwiegende Beschäftigung mit Print- und Tonmedien erworben haben, sinnvoll ergänzt werden. Nicht mehr, *was* gesprochen wird, sondern das *Wie* steht jetzt im Mittelpunkt der Betrachtung. Die Fähigkeit, Inhalte zu antizipieren, wird auf der zusätzlichen Ebene der visuellen Interpretation geschult. Vergleiche mit eigenen Situationen und Erfahrungen werden ermöglicht.

Regisseur
Schnittfolgen

Die Machart der Filme erlaubt es den Zuschauern, auch in einem einzigen Szenenausschnitt einen Hitchcock Streifen, einen James Bond Film, die **Monty Python**-Werke oder die Abenteuer von **Indiana Jones** wiederzuerkennen. Es sind meist die visuellen Elemente, die die „Sprache" eines Films nachhaltig bestimmen. Die ganz besondere Eigenart und Filmsprache eines Streifens – die Handschrift des Regisseurs – lässt sich am ehesten an technischen Details wie Geschwindigkeit der Schnittfolgen, Farbenspiel und Eintönung, Helligkeit und Schattenspiel, aber auch an der Auswahl der Darsteller, der Handlungs- und Spielorte, der Tiefe des Raums, an der raschen oder langsameren Entfaltung von Handlung und anderen Aspekten verdeutlichen. In vielen Filmen findet sich ein roter Faden, der Themen und Bilder mehrfach aufgreift und uns ans Werk bindet. Sonne, Mond und Sterne, Wolken, Regen, Sturm, Reflexionen auf Wasser, auf heißen Wüstenböden und in Spiegeln werden zu metaphorischen Bildern verdichtet. Sie machen die Sinnlichkeit des Mediums aus, das uns in den Bann zu schlagen vermag. Den besten Filmen gelingt es, die Phantasie der Zuschauer durch Leerstellen anzuregen. Die schönsten Liebesszenen, die dramatischsten Krimiszenen sind die, die gar nicht auf der Leinwand, sondern in unseren Köpfen stattfinden, weil der Film uns auffordert, Szenen und Entwicklungen selbst zu erfinden. Der berühmte Mord unter der Dusche in Hitchcocks **Psycho** (46.00) wird von uns jedes Mal neu entworfen, im Film ist er jedenfalls nicht zu sehen.

Der Zuschauer, der sich der Auseinandersetzung mit den visuellen Elementen von Film und Video bewusst stellt, wird in Zukunft intensiver sehen und mehr erkennen.

Activity 1   Was siehst du?   *Lend me your eyes*

- Die S setzen sich paarweise einander gegenüber. Partner A sitzt mit dem Rücken zum Bildschirm, Partner B behält das Fernsehgerät im Auge.
- L spielt S eine Videosequenz einmal vor. Partner B beschreibt für den nicht sehenden, aber hörenden Partner A die Handlung auf dem Bildschirm. (Der Titel des Films darf auf keinen Fall genannt, die Namen der Protagonisten sollten nicht erwähnt werden.)
- Partner A darf nach dem Betrachten der Szene Partner B um weitere Informationen bitten und ihn nach Details fragen.
- Mehrere Partner A arbeiten jetzt in Partnerarbeit oder Kleingruppen, um gemeinsam eine möglichst akkurate Beschreibung der Szene anzufertigen und einen Filmtitel vorzuschlagen.
- Mehrere Partner B erstellen gleichzeitig in der Gruppe einen verbesserten schriftlichen Bericht über die gesehene Szene. Vokabelhilfen erhalten sie vom L oder aus einem zweisprachigen Wörterbuch.
- In neuen Paar-Konstellationen vergleichen ein Partner A und ein Partner B ihre Ergebnisse. Fehlende Stellen oder divergierende Beschreibungen korrigieren sie nach Möglichkeit.
- Bei der gemeinsamen Schlussbetrachtung erfahren sie am Bildschirm, wer am genauesten beobachtet hat.

Lernniveau   ab Mittelstufe

Sprache   Vokabular der Kleidung
Beschreibung von Dingen und Personen
Handlungsabläufe
Adjektive zur detaillierten Beschreibung
Adverbien zur Qualifizierung von Handlung
Zeiten: beim Betrachten der Szene zunächst *present progressive, simple past, past progressive, simple present, present perfect*
   (Beispiele: *he's running down the hill, he's picking up the ball he picked up before, he's finished drinking the champagne*)
   bei der Nachbereitung der beobachteten Szene *simple past, past progressive, past perfect*
Abfolgen: *first, then, next, after that*
Fragewörter
Präpositionen von Ort und Bewegung
both, neither
whereas, while

Vorbereitung

Problematisch kann die Lautstärke im Klassenzimmer werden, wenn die Hälfte der S gleichzeitig redet und dazu das Fernsehgerät läuft. Bei sehr großen Klassen und engen Räumen kann es deshalb günstiger sein, einem Partner A zwei zuhörende B-Partner zuzuordnen, damit die Zahl der gleichzeitig Redenden eingeschränkt wird.

Da sich die visuelle Informationsfülle eines Videos kaum angemessen in Worte umsetzen lässt, weil schnelle Szenenabfolgen den Reporter hinter der Handlung herjagen lassen, kann es recht sinnvoll sein, den S klare Muster vorzugeben oder sie sich selbst erarbeiten zu lassen (z.B.: wer, wo, was, was dann, Konsequenz? ...).

L sollte die S an die richtige Benutzung der Zeitformen erinnern, da damit Abfolgen und Konsequenzen verdeutlicht werden. Er sollte auch darauf hinweisen, dass Adjektive und Adverbien Beschreibungen lebhafter, eindringlicher und vorstellbarer machen (evtl. Probelauf).

Ideale Filmbeispiele enthalten schnelle Actionszenen oder Verfolgungsszenen z.B.: Indiana Jones flüchtet am Anfang von **The Raiders of the Lost Ark** (08.00) vor den Eingeborenen. Geeignet sind auch die massenhaften Autoverfolgungsszenen in **The Blues Brothers** (ganz besonders die in der Einkaufspassage 24.00) sowie fast alle Charlie Chaplin-Slap-

Slapstick stickszenen.

Varianten

[▭▭] Die S sitzen sich wieder so paarweise gegenüber, dass Partner B den Bildschirm hinter sich hat, Partner A darauf sieht.

L spielt S die Videosequenz vor, Partner A beschreibt für Partner B die Handlung auf dem Bildschirm.

Danach werden neue Partnergruppen zusammengestellt, A erhält einen neuen Partner B, B einen neuen Partner A.

Nach einem weiteren Abspielen der Sequenz hat Partner A zweimal dieselbe Sequenz beschrieben. B hat von zwei verschiedenen Partnern Berichte gehört.

B soll zum Abschluss eine schriftliche Reportage verfassen. Dazu sucht er sich einen dritten Partner A seines Vertrauens, der ihm zur Befragung zur Verfügung steht. Mit ihm kann er alle Ungereimtheiten ausräumen und Informationslücken schließen.

Partner A beantwortet Fragen, schlägt aber keine eigenen Formulierungen vor.

Zum Schluss schauen sich alle Partner das Video an und vergleichen das schriftliche Ergebnis mit dem Original.

[▭▭] Die Klasse wird in Partner A- und Partner B-Teams aufgeteilt. Alle Partner A beschreiben die Sequenz, die sie auf dem Monitor sehen. Die Partner B – und nur sie – haben die Dialogliste der entsprechenden Passage vor sich liegen. Damit verfügen sie über eine wichtige weitere Informationsquelle (ihr Partner kann nur hören).

Ziel ist es, gemeinsam einen möglichst akkuraten Bericht über die Handlung der Videosequenz zu erstellen, der am Ende mit dem Video verglichen wird.

Geeignete Szenen müssen gezielt gesucht werden, da viele Verfolgungsszenen ohne oder nur mit minimalen Dialogen auskommen.

[▣⬛] Die Klasse wird in Partner A und B geteilt. Zuerst sehen die Partner A ein Video, ohne den Kommentar zu hören. Dann hören die Partner B die Tonspur derselben Sequenz und stellen sich vor, was gleichzeitig zu sehen sein könnte.

In Partnerarbeit versucht B von A zu erfahren, was wohl passiert ist. Dazu beschreibt B seine Vorstellung von der Handlung, A hilft und korrigiert. Um die Versprachlichung schwieriger zu machen und um Fragen nach Kategorien zu gruppieren, lässt sich auch die spielerische Variante der Ja/Nein-Fragen einsetzen: Partner B darf nur Fragen stellen, die mit ja oder nein zu beantworten sind.

[▣⬛] Für S mit geringeren Sprachkenntnissen (oder weniger Phantasie) lässt L alle S Anfang und Ende einer Sequenz betrachten. Dadurch erhalten die S zunächst einen visuellen Kontext, in dessen Hilfsgerüst/Rahmen sie sich orientieren können.

Dafür eignet sich z.B. in **Life of Brian** als ausgelassene Mittelsequenz die Stelle, an der Brian, während die Römer ihn verfolgen, von einem Raumschiff an Bord genommen wird (41.00).

In Partnerarbeit erzählen A und B, wie sie sich die fehlende Mitte vorstellen.

Sie schreiben den fehlenden Dialog und kontrollieren ihre Ergebnisse am Ende beim gemeinsamen Betrachten des Videos.

[▣⬛] Die S sitzen alle mit dem Rücken zum Bildschirm (oder dieser ist verdeckt) und hören lediglich Geräuschkulisse und Dialogteile eines Films. In Partnerarbeit berichten sich A und B, was sie glauben gehört zu haben. In einem zweiten Schritt können sie sich die dazu passende Handlung ausdenken. Besonders günstig ist es, wenn die Klasse bereits mit Teilen des Films gearbeitet hat und so über ein gewisses Kontextwissen verfügt.

Gut geeignete Sequenzen finden sich z.B. massenhaft in **A Fish Called Wanda.** Besonders schön ist die Fahrt mit der Dampfwalze am Flughafen oder John Cleeses Abflug (1.37.00). In **Educating Rita** (25.00) zertrümmert die Heldin mit einem Hammerschlag nicht nur re Wohnzimmerwand, sondern auch das Vertrauen ihres Ehemannes in die vermeintlich geregelte Familienplanung. Interessant auch die Anfangsszene in **Falling in Love** mit dem Doppeltelefonat sowie der Anfang von **Indiana Jones and the Temple of Doom.**

[▣⬛] L wählt aus verschiedenen Filmen ähnliche Sequenzen aus. Die Klasse wird in zwei Gruppen eingeteilt, die einander gegenüber sitzen. Das Fernsehgerät steht zwischen den beiden Gruppen. Gruppe A befindet sich vor dem Fernsehgerät und sieht einen Ausschnitt, danach wird das Gerät umgedreht und Gruppe B sieht einen anderen.

Beide Gruppen erhalten vom L eine Liste mit Beschreibungen, die sich auf die visuell wahrnehmbaren Teile der Sequenz beziehen. Die S versuchen in Einzelarbeit ihrer Sequenz die Sätze zuzuordnen, die sie für passend erachten.

Danach formulieren sie Fragen und versuchen festzustellen, ob die von ihnen gefundenen Sätze tatsächlich nur zu ihrer Szene gehören und nicht zu der des Partners oder gar zu beiden.

Zum Schluss können sie im Partnergespräch Gemeinsamkeiten und Unterschiede ihrer Sequenzen herausarbeiten und diese gemeinsam formulieren.

Abschließend spielt L zum Vergleich beide Sequenzen nacheinander.

WS 1 *The same old story **(Lethal Weapon / Crocodile Dundee 2)***

L teilt die Klasse in die Gruppen 1, 2, 3, 4 usw. ein, wobei die ideale Gruppenstärke bei vier Schülern liegt.

Die Gruppen mit geraden Zahlen sehen einen anderen Videostreifen als die Gruppen mit einer ungeraden Zahl. Alle S schreiben das jeweils Gesehene und Gehörte auf. Gruppe Nummer 1 pinnt ihre vier Berichte an eine Stelle des Klassenzimmers, Gruppe Nummer 2 hängt ihre gleich daneben. Gruppen 3 und 4 tun dies genauso, wie auch 5 und 6 usw.

Die Schüler aus den Gruppen mit den ungeraden Nummern lesen die Ergebnisse der Gruppen mit geraden Zahlen und umgekehrt. Die Beschreibungen werden verglichen, Unterschiede und Gemeinsamkeiten herausgearbeitet.

Dann treffen die jeweiligen Gruppen aufeinander und befragen sich nach Irrtümern, Formulierungsschwächen und Fehlern.

Ziel ist es, möglichst viele Diskrepanzen auszubessern. Beim gemeinsamen Anschauen lassen sich die Treffer zählen und Original und Bericht vergleichen.

Projekte und Aktivitäten

Wer themenzentriert weiterarbeiten möchte, kann einen Polizeibericht anfertigen lassen, in dem Verbrechen oder Unfälle aus verschiedenen Filmen beschrieben werden. Für ein Teenager-Magazin dagegen sind romantische Szenen besonders gut geeignet.

Ein Fotoroman – ein Format, das den S aus vielen Jugendzeitschriften bekannt ist –, eine Fotomontage mit Bildern aus Zeitschriften oder ein selbstgezeichneter Comicstreifen lassen sich mit Texten, die S erstellen, unterlegen.

Activity 2 **Komm, ich helf dir** *Let me run you through*

Da in den deutschen Fernsehprogrammen noch immer der allergrößte Anteil fremdsprachiger Sendungen und Filme synchronisiert oder zumindest untertitelt ist, stehen S bei der ersten Konfrontation nichtdidaktisiertem authentischem Material recht unsicher gegenüber.

Hier kann die kontrollierte Unterstützung durch L, die die Lernprogression ihrer S genau kennen, sehr hilfreich sein. Je nach Wissenstand können gezielt sprachliche Hilfen gegeben werden.

Zudem lässt sich die Geschwindigkeit der Darbietung durch Sehpausen oder Verlangsamung der Bildspur drosseln, sodass die S mehr Zeit haben, sich in dem Film zurechtzufinden, die nichtsprachlichen Informationen aufnehmen und einen Bedeutungskontext für sich herzustellen.

Die Methode ist besonders geeignet, Vokabular im visuellen Zusammenhang eines Films einzuführen oder zu wiederholen.

Gleichwohl lassen sich grammatikalische Strukturen auffrischen und einschleifen, da die Aufmerksamkeit der S durch das Videomaterial erhalten bleibt.

Standbilder
slow motion

- L zeigt eine Videosequenz ohne Ton und gibt zur gleichen Zeit seinen Kommentar zu den Bildern.
- Die Präsentation kann beliebig oft wiederholt werden; sie kann auch durch gelegentliches Einfrieren der Bilder (Standbilder) oder – falls am Videogerät vorhanden – durch *slow motion* verlangsamt werden.
- Die Klasse beschreibt die Sequenz. Dies tut sie, während der L spricht, und übt dabei das *note-taking*; alternativ kann das auch im Anschluss passieren, dann wird die Fähigkeit der genauen Textwiedergabe geübt. Ziel ist es in beiden Fällen, den Report des L möglichst wortgetreu wiederzugeben.

In letzter Konsequenz lässt sich so eine interessante Variante eines Diktates erzielen.

Lernniveau   ab 2. Lernjahr

Sprache   Zeiten: *present progressive, simple past, past progressive, past perfect*
there is/are
Präpositionen zu Ort und Bewegung
direkte/indirekte Rede

Vorbereitung   L erstellt vor dem Unterricht einen schriftlichen Kommentar zu einer geeigneten Videosequenz, damit während des mehrfachen Betrachtens immer der exakt gleiche Text den S vorgelesen werden kann.

Bei der Auswahl der Sequenz sollte L darauf achten, dass keine dramatischen Veränderungen in der Handlung stattfinden und die Szenenabfolge keine zu schnellen Kommentare erforderlich macht.

Varianten   Der Kommentar des L enthält eine Reihe von Fehlern. Die genaue Zahl der Fehler kann der Klasse vorgegeben werden. In Partnerarbeit oder in Klein-

gruppen können die S zusammentragen und überprüfen, was sie an Fehlern entdeckt zu haben glauben.

Erfahrungsgemäß ergibt sich aus der Wettbewerbssituation eine zusätzliche Motivation.

WS 2   *Never believe a teacher* **(Cal)**

[▭] Während der Filmausschnitt ohne Ton läuft, gibt L der Klasse seinen Kommentar. Die S formulieren aus dem Gehörten den Bericht eines Zeitungsreporters in indirekter Rede.

WS 3   *I read the news today* **(Casablanca)**

[▭] Bei der Umkehrung der vorangegangenen Variante erhält die Klasse den Dialog einer Sequenz in indirekter Rede. Die S formulieren den Text in direkte Rede um und überprüfen ihre Arbeitsergebnisse beim gemeinsamen Betrachten des Videos. Die Variante ist für Einzel-, Partner- und Gruppenarbeit gut geeignet.

WS 4   *Indirectly speaking* **(The Third Man)**

[▭] L formuliert als *viewing guide* eine Reihe von Fragen, die sich lediglich auf visuelle Aspekte des Filmes beschränken. Dies können Ja/Nein-Fragen sein oder auch Fragen nach Details bei Handlungen, Dingen und Personen.

Die S werden durch die Fragen sprachlich entlastet. Sie können authentischem Englisch auch dann ohne Versagensängste zuhören, wenn sie nicht alle Textanteile verstehen.

WS 5 a/b   *Lend me your eyes* **(Grease)**

Projekte und Aktivitäten

[▭] In Gruppen suchen sich die S eine geeignete Sequenz, die sie nach eigenem Ermessen bearbeiten können.

Sie schreiben einen Kommentar, z.B. über die Spielhandlung der Sequenz, das Verhältnis der Sequenz zum Rest des Films, diskutieren die Charaktere und ihre Motive, formen den Dialog in indirekte Rede um...
Die Gruppen stellen sich ihre Ergebnisse gegenseitig vor. Nachfragen und Diskussionen sind erwünscht.

[▭] Im Medientransfer erstellen die S im Anschluss an eine betrachtete Sequenz einen Comic, in dem die Spielhandlung durch Filmzitate in Sprech- und Denkblasen aufgegriffen wird.

Activity 3   **Das machen wir selber**   *We could do better than that*

Die Bedeutung des szenischen Spiels für den Fremdsprachenunterricht wird mittlerweile in der Fachdidaktik unwidersprochen anerkannt. Sprache wird im Spiel lebendig. Paralinguistische Komponenten treten zum Wort hinzu und geben ihm ein neues Gewicht.

Das Video gibt den S ein unmittelbares Modell im Hinblick auf mögliche Inszenierungs-, Gestaltungs- und Spielweisen. Charaktere können imitiert, Situationen nachgespielt, umgebaut und verändert werden.

Grease mit Olivia Newton-John und John Travolta

- L sucht eine Filmsequenz mit einer überschaubaren Zahl von Darstellern.
- L teilt die Klasse in die gleiche Anzahl von Gruppen A und Gruppen B auf. Die S in den A-Gruppen sind die Regisseure (zwei bis drei S pro A-Team haben sich als günstig erwiesen). In den B-Gruppen der Schauspieler befinden sich so viele S, wie Charaktere im Videoausschnitt zu sehen sind.
- Die A-Gruppen sehen gemeinsam das Video, während die B-Gruppen vor der Tür kurz warten müssen.
- Die zwei bis drei Regisseure eines A-Teams inszenieren mit ihren Schauspielern einer B- Gruppe die gerade im Video betrachtete Szene in einer vorgegebenen Zeit.
- Die B-Gruppen führen ihre Version des Videos auf.
- Alle S vergleichen im Klassengespräch die Gruppenergebnisse mit dem Video.

Lernniveau   alle Lernstufen

Sprache   Imperative für Anweisungen

Adverbien und Adjektive für die Beschreibung (wie Menschen etwas tun)
Komparative (zur Verbesserung der Leistung der Schauspieler)
Vokabular der Persönlichkeit, der Stimmung, Kleidung, Geste und Körperhaltung, Aussprache und Intonation

Vorbereitung

Szenisches Spiel bedarf immer einer gründlichen Vorbereitung durch den L. Die schauspielerischen Versuche können nicht auf eine Unterrichtsstunde beschränkt sein, sondern eignen sich eher für Projekte und Unterrichtsreihen.

L sollte die S der Gruppe je nach ihrer Eigenart den vor der Klasse agierenden Schauspielern oder den eher indirekt wirkenden Regisseuren zuteilen.

Für Gruppenproduktionen sollten möglichst kleinere Proberäume zur Verfügung stehen. Kreative Aufwärm- und Lockerungsübungen zur Vorbereitung der eigentlichen Übung mit dem Videogerät: Spielen von Naturereignissen (Wind), Gemütsverfassungen (Trauer), die Imitation von Personen (alter Mensch).

Übungen mit Filmmaterial: So kann Humphrey Bogarts legendärer Satz *„Here's looking at you, kid"* aus **Casablanca** als Modell für Aussprache und Körperhaltung dienen, die die S nachzuahmen versuchen.

Bühnenrequisiten, ein schlichter Hut, ein Schirm, eine Zeitung, können zum Ausprobieren verschiedener Wirkungen in die Szene eingebaut werden, bevor das Spiel seinen Lauf nimmt.

Einzelne S können bestimmte Rollen ausprobieren, die Wirkung veränderter Aussprache, Betonung, Körpersprache, aber auch Geräuscheffekte, Musikbegleitung, vielleicht Lichteffekte testen.

Regisseure können mehrere Szenen koordinieren und daraus ein kleine dramatische Einheit formen.

Varianten

Drehbuch

🎞 L und S legen im Unterrichtsgespräch Kriterien fest, nach denen sie einen bekannten Film umschreiben möchten. (Z.B. Neuverfilmungen von Shakespeares Dramen wie **Richard III, Romeo and Juliet** oder auch **Shakespeare in Love**). So könnte die Modernisierung der Sprache berücksichtigt werden, wortlastige Dialoge könnten filmsprachlich umgesetzt werden, heutige Gepflogenheiten in Szenen eingebaut werden. Die S erstellen ein Drehbuch, erarbeiten sich ihre Szenen und präsentieren sie im szenischen Spiel.

🎞 Statt Kriterien in der Klasse mithilfe des L festzulegen, kann dies auch in Teams geschehen. Interessant wird es, wenn verschiedene Gruppen die gleiche Szene neu bearbeiten und aufführungsreif machen. Der Vergleich der Ergebnisse und die Erklärung der jeweils dahinter stehenden Idee führt zu engagierten Debatten.

🎞 Um eigene Drehbücher und Produktionen entwerfen zu können, erhalten die Gruppen verschiedene Quellen: z.B. eine Videoproduktion,

Standbild	Standbilder aus dem Film, das Filmdrehbuch, den Dialog, eine Beschreibung der Sequenz. Daraus entwickeln sie ihre eigene Vorstellung einer Produktion und realisieren sie.
Skript	🔲 Ein Skript wird von einer Gruppe umgeschrieben und dann an eine andere Gruppe gegeben zur weiteren Bearbeitung.

Projekte und Aktivitäten

◼ Eine Dokumentation der vorgenommenen Veränderungen wird in einer Projektzeitung oder an der Pinnwand veröffentlicht. Schülerentwürfe, Zeichnungen, Fotos usw. zeichnen die Arbeitsschritte nach.

◼ Die fertigen Spielszenen lassen sich mit privaten oder schuleigenen Videokameras aufnehmen. Sie werden auf einem Band aneinander gereiht und für alle S kopiert, die dann ein selbst erarbeitetes fremdsprachliches Produkt mit nach Hause tragen und vorzeigen können.

◼ Großen Spaß macht auch die Erstellung und Aufnahme einer neuen Tonspur. S können ausgewählte Szenen aus Filmen nachspielen oder neu bearbeiten. So lassen sich Texte verändern, Geräusche einspielen, man kann auch stimmungsvolle Musik unterlegen. Die intendierte Wirkung einer Szene kann dadurch völlig verändert werden.

Schnittcomputer	Schnittcomputer mit entsprechenden Programmen sind an manchen Schulen schon vorhanden.
dubbing	Die Nachvertonung kann aber auch – mithilfe eines technisch versierten Kollegen, eines engagierten Elternteils oder eines S direkt in Videokameras eingespielt und an einem Monitor kontrolliert werden (*dubbing* Verfahren).
	Technisch unaufwendig ist es, die Neuvertonung auf Tonkassettte aufzunehmen und diese zeitgleich zum stumm spielenden Videogerät laufen zu lassen.

Hinweise zu den Worksheets

WS 1   *The same old story*

Film	*Lethal Weapon* (28:00), *Crocodile Dundee 2* (18:00)
Beginn der Handlung	In *Lethal Weapon* erhalten Mel Gibson und Danny Glover einen Anruf, der sie zu einem Selbstmordkandidaten führt. In *Crocodile Dundee 2* werden Schreibwaren in einem Büro abgegeben.
Unterrichtsziel	Partner A und Partner B sehen jeweils einen Filmausschnitt. Obwohl die beiden Sequenzen gewisse Ähnlichkeiten haben, stammen sie aus verschiedenen Filmen.

Auf dem WS erhalten die S 20 Aussagen, die sich hauptsächlich auf die Bilder der Filme beziehen. Sie müssen ihr Wissen abgleichen um herauszufinden, welcher Satz nur auf ihren Film bzw. nur auf den des Partners oder auf beide zutrifft.

Ablauf Alle S erhalten das gleiche WS. Teilen Sie die Klasse in A- und B-Gruppen. Zuerst verlassen die B-Schüler kurz das Klassenzimmer, damit die A-Gruppe den ersten Filmausschnitt sehen kann. Anschließend sieht die zweite Gruppe allein die andere Sequenz.

Zuerst arbeiten die Gruppen noch getrennt: sie stellen fest, welche der Aussagen zu ihren Szenen passen.

Dann kommen in Partnerarbeit je ein A- und ein B-Partner zusammen. Sie formen die Sätze in Fragen um, um so herauszufinden, welche von ihnen auf beide Ausschnitte oder nur auf einen zutreffen. Detaillierte Nachfragen und exakte Szenenbeschreibungen sind als Antworten selbstverständlich erwünscht.

Zum Ende gehen Sie mit Ihren S die Fragen und Antworten durch, dann zeigen Sie zum Vergleich beide Sequenzen nacheinander. Dabei können Sie zur näheren Betrachtung eines Ausschnittes das Band im Standbild anhalten.

> C = *Crocodile Dundee 2*
> L = *Lethal Weapon*

Lösung

1. ☐C *The hero was wearing a hat.*
2. ☐L *The hero arrived by car.*
3. ☐L *It was a sunny day.*
4. ☐C *The hero was inside the building.*
5. ☐L *The jumper was at the top of the building.*
6. ☐L/C *The jumper was wearing a suit and tie.*
7. ☐L *The jumper was wearing a ring.*
8. ☐L *Sirens were heard.*
9. ☐L *The hero got closer and closer to the jumper.*
10. ☐L/C *The hero got onto the ledge with the jumper.*
11. ☐L *The jumper smoked a cigarette.*
12. ☐L *The jumper shouted a lot.*
13. ☐C *The jumper cried.*
14. ☐C *Somebody fell.*
15. ☐L *The jumper jumped (although really he was pulled off the roof by Mel Gibson).*
16. ☐C *The jumper returned to the building.*
17. ☐L *The hero and jumper left the building together.*
18. ☐C *The hero was calm at all times (except a little when he slipped and when he discovered the jumper was gay).*
19. ☐L *The building was white.*
20. ☐L *The jumper was arrested by the police.*

48

WS 2	***Never believe a teacher***
Film	***Cal*** (12:30)
ginn der Handlung	Die Bibliothekarin verlässt die Bücherei.
Unterrichtsziel	Die S bekommen falsche Informationen zu einem Filmausschnitt. Dies gibt ihnen die Gelegenheit, ihr Verständnis des Gehörten und Gesehenen zu überprüfen. Sie erkennen am Ende der Übung, was richtig und was falsch war.
Ablauf	Je nach Aufmerksamkeit und Leistungsfähigkeit der Klasse können verschiedene Wege eingeschlagen werden.

- Lesen Sie den Text auf dem WS vor, zeigen Sie den Filmausschnitt und bitten Sie die S, die Fehler zu bestimmen.
- Lesen Sie den Text vor, während Sie das Video vorführen. Fragen Sie die S nach den beobachteten Fehlern. Geben Sie ihnen dann den Text, damit sie die Fehler korrigieren können.
- Legen Sie den Textauszug schriftlich vor, zeigen Sie dann das Video und lassen Sie die S die Fehler korrigieren.

Lösung	*The woman didn't lock the library, a man did.* *She was wearing a skirt.* *The shopping bag was green.* *The man was with a girl, not a boy.* *A mirror was broken.* *They didn't put the handbag in the boot.* *A soldier watched Cal.*

WS 3	***I read the news today***
Film	***Casablanca*** (1:36:00)
ginn der Handlung	Es handelt sich hier um die Schlusssequenz des Films. Sie beginnt, nachdem der deutsche Major am Flughafen aus seinem Auto gestiegen ist.
Unterrichtsziel	Die S erhalten die Dialogliste des Ausschnitts, damit sie einen detaillierten Bericht über die letzten Ereignisse dieses Filmklassikers schreiben können. Die Dynamik der Bilder veranschaulicht den Handlungsablauf und unterstützt bei der Beschreibung des Gesehenen. Die Dialogteile verlangen die Umformung in die indirekte Rede; die beiden wichtigsten Stilelemente eines Reports sind somit vorbereitet.

| Ablauf | Erläutern Sie Ihren S knapp Ihr Unterrichtsziel. Um die Spannung zu erhalten, nennen Sie dabei besser nicht den Filmtitel.
Fragen Sie, welche besonderen Details die S in einem Bericht über einen Mord erwarten.
Lassen Sie die S den Dialog lesen und fragen Sie, wer die Sprecher sein könnten und in welcher Situation sie sich wohl befinden.
Zeigen Sie den Filmausschnitt und erinnern Sie an die Details, die im Zusammenhang mit dem Mord interessierten. Auf diese sollten die S besonders achten. Sie werden die Sequenz vermutlich mehr als einmal zeigen müssen.
Fragen Sie die S, ob sie weitere Informationen über die Ereignisse vor den gezeigten Szenen benötigen.
● Erinnern Sie sie, dass das *past perfect* die angemessene Zeitform ist, Vorvergangenes zu berichten.
● Rekapitulieren Sie die Regeln für *reported speech*.
Lassen Sie die S ihre Berichte allein oder in Partnerarbeit schreiben. |
|---|---|

WS 4 *Indirectly speaking*

Film	*The Third Man* (42:00)
Beginn der Handlung	Martins besucht das Mädchen in ihrer Wohnung.
Unterrichtsziel	Die S üben die Umformung der direkten in die indirekte Rede. Ausgehend von der Filmsequenz schreiben sie eine Zeitungsreportage und gehen dabei besonders auf persönliche Dinge wie Kleidung, Körpersprache, Gesten und Haltung ein.
Ablauf	Stellen Sie den S das Unterrichtsziel vor, sagen Sie ihnen, dass sie gleich Zeugen einer Begegnung werden und darüber schriftlich berichten sollen. Ihr besonderes Augenmerk soll dabei auf die Bewegungen, Gesten, Körperhaltung und –sprache gerichtet sein, die S sollen aber auch Hintergrundgeräusche, das Dekor und Gegenstände der Ausstattung wahrnehmen.
Zeigen Sie ihnen die Sätze in der indirekten Rede und lassen Sie sie in die direkte Redeform umwandeln.
Zeigen Sie nun den Filmausschnitt, überprüfen Sie die Schülerergebnisse auf sprachliche Korrektheit und korrigieren Sie gegebenenfalls.
Fragen Sie nach den beobachteten Details und Eindrücken, die den S besonders auffielen und die ihnen wichtig erscheinen.
Zeigen Sie den Ausschnitt mehrfach, dann fordern Sie die S auf, einen Bericht über das Video anzufertigen. Dies kann in Still- oder Partnerarbeit geschehen.
Lösung	1. *He asked her if it was comedy or tragedy.*
Is it comedy or tragedy?

50

2. *She said she'd been frightened and alone.*
   I've been frightened and alone.
3. *She asked him to tell her about him.*
   Tell me about him.
4. *She asked him where she was.*
   Where is she?
5. *She asked him if he'd been clever when he was a boy.*
   Was he clever when he was a boy?
6. *She claimed he'd fixed her papers for her.*
   He fixed my papers for me.
7. *She asserted that he'd never grown up.*
   He never grew up.
8. *He said she'd fall in love again.*
   You'll fall in love again.
9. *She asked him why he'd said that.*
   Why did you say that?
10. *He said he hadn't learned that from him.*
    I didn't learn that from him.
11. *She suggested he find himself a girl.*
    You ought to find yourself a girl.

WS 5 A/B	### *Lend me your eyes*
Film	***Grease*** (00:00)
eginn der Handlung	Auf den Cartoon-Teil des Filmanfangs folgen die ersten Spielszenen. Der Ausschnitt endet, wenn das Lied „Summer Nights" beginnt.
Unterrichtsziel	Obwohl die S sich mit authentischem Filmmaterial beschäftigen, beschränkt sich die Aufgabenstellung auf rein visuelle Elemente. Sie hören sich dabei in die Fremdsprache ein, ohne durch deren Komplexität überfordert zu werden. Die Aufgabe ist recht einfach, erfordert jedoch ein gewisses Maß an Aufmerksamkeit. Sie bereitet auf die Auseinandersetzung mit der Zielsprache vor.

Die WS können durch L um sehr einfache Fragen zum Text ergänzt werden, damit die S das Gefühl haben, auch gezielt zuhören zu müssen.

Sie können ohne Vorbereitungen mit der Klasse das Video anschauen oder die Einleitung auf den WS einsetzen. Sagen Sie den S lediglich, dass nach dem Betrachten Fragen gestellt werden.
Der Ausschnitt ist lustig, der Humor ergibt sich aus den Bildern, es gibt ausreichend Anregungen, die das Interesse erhalten.
Verteilen Sie nach dem ersten Video-Einsatz die beiden WS 6a und 6b an zwei Partner A und B, die zusammenarbeiten sollen. Die beiden sol-

len sich gegenseitig befragen und möglichst viele richtige Antworten zu-sammentragen. Die ersten Antworten können als unverbindliche Lö-sungen thesenartig zur Überprüfung an die Tafel oder auf Folie geschrieben werden.

Danach zeigen Sie den Ausschnitt ein zweites Mal, die Antworten kön-nen jetzt von den S überprüft werden.

TIPP

Auf diese Sequenz folgt das Lied „Summer Nights", ein John Travolta / Olivia Newton-John Duett, das von Jim Jacobs und Warren Casey, den Ori-ginalautoren von **Grease**, geschrieben wurde. Es lohnt sich, den Song genauer anzuhören und einmal die Aussagen zum jeweils anderen Ge-schlecht zu untersuchen.

Lösung

1. *yes*
2. *one*
3. *two*
4. *two*
5. *one*
6. *yes*
7. *no*
8. *green*
9. *behind her ear*
10. *two*

11. *white*
12. *white*
13. *bow tie*
14. *four*
15. *yellow*
16. *frog*
17. *four*
18. *yoyo*
19. *Pepsi*
20. *yellow.*

The same old story

You are going to see two scenes from two separate films.
The scenes are similar but not the same.
● Decide which scene each sentence below refers to and
put a tick in the appropriate box. In some cases a sentence
refers to both scenes.

	Scene 1	Scene 2
1. The hero was wearing a hat.	☐	☐
2. The hero arrived by car.	☐	☐
3. It was a sunny day.	☐	☐
4. The hero was inside the building.	☐	☐
5. The jumper was at the top of the building.	☐	☐
6. The jumper was wearing a suit and tie.	☐	☐
7. The jumper was wearing a ring.	☐	☐
8. Sirens were heard.	☐	☐
9. The hero got closer and closer to the jumper.	☐	☐
10. The hero got onto the ledge with the jumper.	☐	☐
11. The jumper smoked a cigarette.	☐	☐
12. The jumper shouted a lot.	☐	☐
13. The jumper cried.	☐	☐
14. Somebody fell.	☐	☐
15. The jumper jumped.	☐	☐
16. The jumper returned to the building.	☐	☐
17. The hero and jumper left the building together.	☐	☐
18. The hero was calm at all times.	☐	☐
19. The building was white.	☐	☐
20. The jumper was arrested by the police.	☐	☐

Never believe a teacher

This is the description of the scene that your teacher read to you. It is different from the scene in the film.
● Underline or note down any differences that you find.

> Cal was waiting outside the library when the woman came out and locked up the library behind her. He was wearing a blue jacket and jeans while she was wearing a brown coat and grey trousers. She walked past him carrying a box, a handbag and a yellow plastic shopping bag. She turned right past a restaurant and continued towards the police checkpoint. Cal followed her behind a man and a boy. When they arrived at the checkpoint the police searched them and one of her bottles fell to the ground and broke. Cal helped her pick up the broken glass and offered to carry the box. They walked to her car and put the box, plastic bag and handbag in the boot. She got into the car and drove away while a policeman watched Cal suspiciously.

● Now compare your conclusions with a partner.

I read the news today

You are going to see the final scene from a film.
● *After watching you will write a news report describing*
▶ *what happened,*
▶ *who was present,*
▶ *how they were dressed,*
▶ *what their attitudes were,*
▶ *how they interacted*
▶ *and anything else you think would interest readers.*

The dialogue:

"Hello"

"Put that phone down."

"Get me the radio tower."

"Put it down."

"Major Strasser has been shot."

"Round up the usual subjects."

"Well, Rick, you're not only a sentimentalist, but you've become a patriot."

"I believe that it seemed like a good time to start."

"I think perhaps you're right."

"It might be a good idea for you to disappear from Casablanca for a while."

"There's a free-French garrison in Brazzaville. I could be induced to arrange a passage."

"My letter of transit? I could use a trip. But it doesn't make any difference about our bet. You still owe me 100,000 francs."

"And that 100,000 francs should pay our expenses."

"Our expenses? Louis, I think this is the beginning of a beautiful friendship."

● *Before watching the scene, decide what information you will need for your report and prepare questions to ask your teacher.*

● *After writing your article, choose a suitable title.*

Indirectly speaking

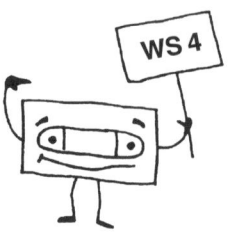

WS 4

The following sentences in indirect speech are based on extracts from a dialogue you will see.

● *Before watching the scene, transform the indirect speech back into direct speech.*

1. He asked her if it was comedy or tragedy.

   _____

2. She said she'd been frightened and alone.

   _____

3. She asked him to tell her about him.

   _____

4. She asked him where she was.

   _____

5. She asked him if he'd been clever when he was a boy.

   _____

6. She claimed he'd fixed her papers for her.

   _____

7. She asserted that he'd never grown up.

   _____

8. He said she'd fall in love again.

   _____

9. She asked him why he'd said that.

   _____

10. He said he hadn't learned that from him.

    _____

11. She suggested he find himself a girl.

    _____

● *Watch the scene and compare the original extracts with your own version.*

● *Now write a description of the scene (including the dialogue) as a reporter might write it, including details such as movements, gestures, background noise, objects and decor.*

Lend me your eyes

WS 5A

In this scene you will see American teenagers in the 1950s on their first day back at school after the summer holidays.
- *What sort of things would you expect to see taking place?*
- *What kind of questions do you think they would ask each other?*
- *Ask your partner the following questions:*

1. Was the sun shining?
2. How many of the five boys smoked?
3. How many of the five boys had fair hair?
4. Did the girls who parked the pink car close the windows?
5. Where was the pencil that the secretary gave to Sandy?
6. What colour was the flower that the headmistress was wearing?
7. What did one of the boys drop on the stairs?
8. What colour were the cards which the headmistress was reading from?
9. How many of the girls at the cafeteria table were wearing glasses?
10. Was the boy in the stadium drinking Pepsi or Coca Cola?

Lend me your eyes

WS 5B

In this scene you will see American teenagers in the 1950s on their first day back at school after the summer holidays.
- *What sort of things would you expect to see taking place?*
- *What kind of questions do you think they would ask each other?*
- *Ask your partner the following questions:*

11. How many of the five boys were wearing sunglasses?
12. How many of the five boys were wearing medallions?
13. Was the girl with the book on her head wearing sunglasses?
14. What colour cardigan was the boy who was pushed over wearing?
15. How many rows of pearls was the headmistress wearing?
16. What colour was John Travolta's T-shirt?
17. How many notes did the secretary play on the xylophone?
18. What did a boy put in a girl's bag which made her scream?
19. What was the boy in the sleeveless brown pullover playing with?
20. What colour was the water pistol?

Beschreiben **57**

III Spekulieren
Reaching other parts of the brain

In diesem Abschnitt wollen wir Anregungen geben, wie sich S ganz individuell und kreativ mit den bewegten Bildern, die sie alltäglich in Filmen, Videos und auf Bildschirmen sehen, auseinandersetzen können.

Dabei soll deutlich werden, dass filmische Produkte nicht unantastbare und unveränderbare Größen sind, auf die der Betrachter keinen Einfluss nehmen kann. Konzentrierte sich die traditionelle Filmanalyse auf die Dialoge und die durch sie vermittelten Inhalte oder setzte sie sich mit der Machart eines Films und seinen Stilelementen auseinander, so können wir heute unseren S, ganz im Sinne eines handlungsorientierten Lernprozesses, mehr und größere Freiräume anbieten. Präsentation und Rezeption, Überprüfung und Sicherung des Gesehenen und Gehörten, Verstehen des Gemeinten und weiterführende Transfers bis hin zur Interpretation in eigenen Texten waren und sind die klassischen Schritte der Filmanalyse. Mit unseren Vorstellungen möchten wir darüber hinaus ein größeres Potential für die kreative Filmarbeit eröffnen: in einem Dreischritt führen wir vom Produkt über die Rezeption zur Produktion.

Indem die S phantasieren und experimentieren, spielen und probieren, zusammenarbeiten und kommunizieren, können sie jetzt auch eingreifen und verändern, tätig werden und verantworten.

Der Film oder das Video ist der Ausgangspunkt für einen Prozess der Veränderung, den der S nach seinem Wissen und seinen sprachlichen Fähigkeiten gestalten kann. Das Muster dafür steht ihm zur Verfügung, ob und wie er es nutzt, bleibt ihm überlassen.
Die Vielfalt der verfügbaren Möglichkeiten – vom Spielfilm bis zur Fernsehwerbung – können den unterschiedlichsten Interessen und Bedürfnissen der S gerecht werden, thematische Anforderungen von Bildungsplänen erfüllen und dem Fertigkeitentraining dienen. Weitere Medien wie gedruckte Texte, Bilder und Tonaufnahmen können ergänzend oder zum Vergleich hinzugezogen werden.

Die erste Möglichkeit zum Spekulieren bieten *pre-viewing*-Aufgaben zu einem Ausschnitt. Je nach Umfang der Vorabinformationen und ihres Weltwissens können S bereits Inhalte und Formen antizipieren. Dadurch wird eine Erwartungshaltung aufgebaut, die das Interesse an dem Streifen fördern kann.

In einem weiteren Schritt haben die S die Möglichkeit, sich Szenen und Sequenzen auf Video zu betrachten und sie zu verändern. Unter anderem können Filmausschnitte weitergedacht, geschrieben und vielleicht auch gespielt werden. Szenen und ganze Sequenzen lassen sich streichen, Handlungen können minimiert, Personen herausgenommen werden, Dialogteile verschwinden. Die Vorgaben lassen sich als Muster für Parallelszenen verwenden, neue Charaktere entstehen, Orte, Handlungsstränge, Zeitrahmen werden neu definiert.

Wenn nur Anfang und Ende einer Sequenz gezeigt werden, können die Mittelteile rekonstruiert, Handlung und Dialoge erdacht werden.

Die Analyse und Interpretation des Gesehenen führt zu sprachlichem Handeln, bei dem die S selbst Texte und hypothetische Filmszenarien produzieren. Den Lauf der erzählten Geschichte können sie beeinflussen, ja völlig verändern.

Die Möglichkeiten dabei sind endlos, richtige oder falsche Lösungen kann es nicht geben. Im kreativen Spannungsfeld zwischen der uneingeschränkten Möglichkeit der S, sich Dinge vorzustellen und zu fabulieren, aber auch in dem Wissen um die genretypischen Elemente des Filmschaffens bleibt die Motivation, selbst tätig zu werden, lange erhalten. Die Neugier auf die Lösungen der Mitschüler und die Auflösung beim Vergleich mit der Filmsequenz, die der L zum Schluss einspielt, beenden eine Arbeitsphase größtmöglicher Involviertheit.

| Activity 1 | **Zusammenspiel von Informationen**
 Interacting with partial information |

- Im lehrerzentrierten Unterrichtsgespräch erarbeiten die S eine Liste der Kategorien und Fragestellungen, die sie für das analytische Betrachten einer Filmsequenz für wichtig erachten. Im Tafelanschrieb werden die Schüleräußerungen gesichert. Eine solche Liste könnte u.a. folgende Punkte enthalten: Personen, Dinge, Handlungsorte, Zeit, Spielhandlung, Genre, Stimmung, Verhältnis der Personen zueinander *(people, objects, places, time of year, time of day, action, genre, mood, atmosphere, relationship between people)*.
- Als zweite *pre-viewing task* erhalten die S vom L eine Liste mit Einzelwörtern oder Satzteilen aus einem Filmausschnitt. Sie spekulieren über die Machart und den Inhalt des Films und stellen sich vor, wie die Textausschnitte zu ihrem Tafelbild passen könnten.
- S formulieren in der Form einer Wette *(I bet ... the good guy will shoot the bad guy in the end)* die möglichen Entwicklungen, die sie in ihren imaginären Filmszenen sehen.
- Die Ergebnisse werden als Folien oder als Wandaushänge der ganzen Klasse zugänglich gemacht.
- Die S sehen die Folien oder stehen von ihren Plätzen auf, gehen durch das Klassenzimmer und vergleichen die Ergebnisse der anderen S mit ihren eigenen.

● Am Ende wird das Original des Videos mit den Schülerwetten verglichen. Wer die meisten „Richtigen" hat oder ihnen am nächsten kommt, hat gewonnen.

Lernniveau   ab Ende Unterstufe

Sprache   Vokabular der Spekulation: *maybe, perhaps*
Verben der Vermutung: *expect, assume, imagine*
Modalverben der Vermutung: *could, may, might (I could imagine that ...; maybe they will ...)*
Wiedergabe von Gesehenem
Zeit: *simple past*
Vergleich und Kontrastierung: *whereas, on the one/other hand, while*
Adverbien (für Variante 4)

Vorbereitung

L kann eine größere linguistische Kontrolle über diese Art von Übung erzielen, indem die sprachlichen Mittel vorab zum Gegenstand des Unterrichts gemacht werden. So tun sich S der Unterstufe oft noch schwer mit den unregelmäßigen Formen der Vergangenheit, und die Konjunktive bleiben wegen ihrer geringen Frequenz im Unterrichtsalltag erfahrungsgemäß lange eine Schwachstelle für viele.
Gruppengrößen von 3 bis 4 S haben sich in der Praxis als günstig erwiesen.
Zweisprachige Wörterbücher erleichtern es den Gruppen, ihre Vermutungen in der Fremdsprache zu formulieren.
Bei kleineren Lerngruppen bietet sich die Ergebnispräsentation auf dem Tageslichtprojektor an, bei größeren Klassen ist der Aushang an den Wänden überschaubarer. Im zweiten Fall reicht es auch aus, wenn S nur eine Auswahl aller Aushänge sehen.
Besonders geeignet für diese Übung sind Filmausschnitte, deren Dialoge die Handlung in groben Zügen erahnen lassen, aber eine (meist visuelle) Überraschung beinhalten.
Es bietet sich an, abgeschlossene Sequenzen zu suchen, die keiner weiteren Rahmenhandlung bedürfen. So lässt sich sicherstellen, dass Pointen nicht verlorengehen.

WS 1   *What's in a word?* **(The Third Man)**

Durch die erwartungsgemäß rege Mitarbeit und hohe Redefrequenz der S ist mit einer entsprechenden produktiven Lautstärke im Klassenzimmer zu rechnen.

Varianten   Anstelle einer Liste mit Vokabeln oder Satzteilen kann L den S auch ganze Dialogteile geben oder Objekte, Handlungen, Personen, Geräusche usw. nennen, die im Film vorkommen. Daraus sollen

60

treatment
Drehbuch

die S ihre Vermutungen ableiten und spekulativ ihr Filmszenario erstellen. Ziel ist die Beschreibung der Sequenz in einem *treatment* oder Drehbuch.

📼 Interessant ist ebenfalls eine *information gap exercise,* in der einzelne Schülergruppen verschiedene Informationen schriftlich erhalten. Gruppe A erfährt etwas über die Personenkonstellation in der Sequenz, Gruppe B kennt die Geräusche der Tonspur, Gruppe C weiß Handlungselemente usw.
Bevor die Arbeit am Szenario beginnen kann, müssen sich die Gruppenmitglieder bei anderen Gruppen mündlich Informationen über deren Wissen besorgen. So kommt es zu einer Versprachlichung der Listen, die die Gruppen von L zur Verfügung gestellt bekamen.

📼 Die Informationen, die die S vom L erhalten, schließen einige – zahlenmäßig klar benannte – Fehler ein. Die Arbeitsgruppen können während der Erstellung ihres Szenarios besprechen, welche Informationen sie für wenig plausibel oder gänzlich unpassend halten. Bei der Schlussbetrachtung lässt sich im Vergleich mit dem Filmausschnitt feststellen, welcher S oder welche Gruppe die richtigen Stellen gefunden hat.

📼 Die S erhalten eine Textpassage und sollen die Sprechweise und die Stimmung der handelnden Personen nachahmen.
Hier ist es günstig einen Dialog zu verwenden, der nicht zu viel von dem verrät, was sich auf dem Monitor abspielt, ansonsten verlieren S recht schnell die Motivation zu spekulieren.
Als gutes Beispiel kann die Szene aus **A Fish Called Wanda** (59.30) dienen, in der Kevin Kline John Cleese aus einem Fenster hängen lässt, um ihn zu einer Entschuldigung zu zwingen.

Die Szene beginnt, bevor sich die Kamera um 180 Grad dreht.

📼 *Cloze test:* S erhalten einen Dialogauszug, in dem einzelne Wörter und Wortteile fehlen. S ergänzen ihn, indem sie aus dem Kontext ihre Schlüsse ziehen.

📼 Die S erhalten einen Textauszug, am besten einen Monolog, in dem einsilbige Wörter fehlen. Als Hilfestellung setzt L in die Lücken die lautschriftliche Umschreibung des Vokals des Einsilbers. Mithilfe einer phonetischen Liste identifizieren die S die Lautung des Vokals und erschließen aus Kontext und Phonetik die fehlende Vokabel.

WS 2 *Sounds familiar (Star Wars)*

📼 L nennt seinen S handelnde Personen des Films und eine Reihe von Sätzen, die in einem Textauszug vorkommen sollen. Darunter sind jedoch einige falsche, die es im Video gar nicht gibt.

Die S sollen in Kleingruppen oder in Einzelarbeit herausfinden, welche Person wohl welchen Satz spricht und welche gar nicht gesprochen werden.

Die S vergleichen ihre Ergebnisse, diskutieren und begründen, warum bestimmte Sätze ihrer Meinung nach in den Kontext passen oder auch nicht.

WS 3   *He wouldn't say that **(Born on the Fourth of July)***

Die vom L eingeschleusten falschen Aussagen können zur Reaktivierung problematischer Grammatikphänomene genutzt werden, indem die Strukturen verstärkt eingebaut werden, die die S bei ihrer Argumentation benutzen sollen.

▭ S erhalten vom L schriftlich den kompletten Dialog und sollen herausfinden, welche Personen/zwischenmenschlichen Verhältnisse/ Geschlechter/Kleider/Zeit/Umgebung in der Szene zu sehen sein werden.

▭ L dreht das Fernsehgerät so, dass die S zwar den Ton eines Film-ausschnittes hören können, nicht aber das Bild sehen. Wie in der vorigen Variante sollen sie nun das Inventar des Filmes herausarbeiten (siehe Liste oben).

▭ L kopiert den Text eines Filmausschnittes auf ein Arbeitsblatt in Abschnitten, dabei hält er sich nicht an die chronologische Abfolge der Sequenz, sondern ordnet sie nach dem Zufallsprinzip. S sollen zunächst die richtige Reihenfolge herausfinden, dann weiterarbeiten wie oben beschrieben: Personen? ...

WS 4   *Mixed-up kid **(The Bodyguard)***

Projekte und Aktivitäten

Die folgenden Übungen bieten sich als *pre-viewing activities* an. Sie folgen alle dem gleichen Funktionsprinzip: auf einem Arbeitsblatt erhalten S ausgewählte Informationen über einen Filmausschnitt, die einen Arbeitsauftrag nach sich ziehen.

Am Ende der Unterrichtsphasen steht jeweils das gemeinsame Betrachten der Sequenzen und der Vergleich mit den eigenen Ergebnissen.

▭ S erhalten von L Informationen z.B. zu Personen, Geschlecht, deren Verhältnis zueinander, ihrer Kleidung, zum Ort und der Zeit einer Sequenz. Sie stellen sich Szenen vor und malen sich Details aus. Ziel ist

storyboard   ein visuelles Ergebnis (*storyboard*, Comic oder Cartoon).

▭ Die S spielen die ausgedachte Szene vor.

TIPP

Ausstattung

▭ Nach Angaben des L schreiben die S in Partnerarbeit oder in kleinen Gruppen das Skript dieses Filmteils oder die Dialoge der Charaktere.

▭ Die S beschreiben die Stimmung einer Szene und bestimmen Details der Ausstattung. Dazu können unter anderem die Intensität der Beleuchtung, die Farben, Spiegelungen, Objekte, Symbole, der Ort und die Zeit gehören.

▭ Die S legen fest, welche Wörter, Satzfetzen oder Sätze sie zu hören erwarten.

▭ S, die zu Hause oder in der Schule Zugang zu einem Videogerät und geeignetem Material haben, können Szenen bearbeiten und selbst Arbeitsblätter mit Teilinformationen für ihre Mitschüler erstellen.

Wenn ausreichend Zeit zur Verfügung steht, ist dieser Aufgabentypus auch für Arbeitsgruppen, den Projektunterricht oder Freiarbeitsphasen gut geeignet.

▭ Die S beschreiben zunächst anhand der Teilinformationen ihres Arbeitsblattes eine Sequenz, bevor sie sie sehen können, ein zweites Mal nach dem gemeinsamen Anschauen. Dieser erste Schritt führt sie zu einer Analyse der filmsprachlichen Mittel, in der sie untersuchen, welche neuen oder ganz anderen Informationen sie aus dem visuellen Material erhalten haben und wodurch diese Inhalte transportiert wurden.

▭ Die S formulieren narrative Texte einer Sequenz oder deren Dialogteile um, z.B. in eine andere Zeitform oder in die indirekte Rede.

Kevin Costner in *Bodyguard*

Activity 2   Anfang und Ende? *Going beyond the limits*

- Die S sehen und hören einen Teil einer Videosequenz, über deren Anfang und Ende sie nichts wissen sollten.
- Ausgehend vom Gesehenen und Gehörten erstellen sie ein Raster und listen alle wichtigen Beobachtungen zunächst nach dem *wh*-Frageschema auf: *who, where, when, what, why;* des weiteren können *how* und andere brauchbare und offenere Frageformen benutzt werden.
- Mit einem nun umfangreichen Detailwissen ausgestattet, können sich die S in Gruppen oder allein daran machen, plausible Vorgeschichten und/oder Enden zu den gesehenen Szenen zu entwickeln.

Teile 1 und 2 von **Home Alone** wären beispielsweise besonders gut geeignet. In jeder der vielen Szenen, in denen die beiden Schurken Schlimmes durch Kevin erleiden müssen, können die S herausfinden, was der jeweilige Auslöser für Schmerz und Pein war.

- Ihre Ergebnisse vergleichen die S untereinander, indem Gruppen Ergebnisse austauschen, diese auf Folien vor der Klasse präsentieren oder durch einen Wandaushang publizieren.
- Die Betrachtung der Szene davor und danach bietet die Auflösung der Aufgabe. Die S können erkennen, wie nahe sie am eigentlichen Film waren.
- In einer Schlussdiskussion können L und S ihre Ergebnisse unter den Gesichtspunkten von Folgerichtigkeit, Logik, Spaß usw. diskutieren.

Lernniveau   Mittelstufe und Oberstufe

Für die sprachliche Bewältigung werden umfangreiche Strukturen benötigt. L sollte darauf achten, dass nicht allein die kreative und phantasievolle Ausgestaltung eines Szenarios das Ziel der S wird. Um einen Einblick in die Machart von Filmen, die Abfolge von Handlungen und Szenen zu gewinnen, ist es für sie wichtig, die Plausibilität nicht aus den Augen zu verlieren. Die S sollten in der Lage sein, ihre gewählten Lösungen auch argumentativ zu vertreten.

Sprache   Verben der Vermutung: *expect, assume, imagine*
Modalverben der Vermutung: *may, might, could*
Wiedergabe von Gesehenem
Schlussfolgerung: *because*
Ursache und Wirkung
Vergleich und Kontrastierung: *whereas, on the one hand / on the other hand, while*

Zeiten: *simple present, simple past* zur Beschreibung von Ereignissen; *going to future* und *will future* für die Vorhersage der Folgeszene

Vorbereitung

Einige der folgenden Varianten setzen voraus, dass S das Klassenzimmer verlassen müssen und bestimmte Dinge nicht hören dürfen.

Falls dies an der Schule problematisch sein sollte, erhalten die S ihre Informationen schriftlich.

Geeignete Sequenzen für die Übungen sollten so weit in sich abgeschlossen sein, dass sie sprachlich und vom Bildmaterial her gut verständlich sind. Die Charaktere sollten klar gezeichnet sein (Gute und Böse), die Spielhandlung eindeutig, damit die S verwertbare Rahmeninformationen haben.

Ein schönes Beispiel dafür findet sich in **Monty Python and the Holy Grail** (1.18.00), wenn die Ritter drei Fragen beantworten müssen, um eine Brücke überqueren zu dürfen. Wer dies nicht schafft, muss in die darunter liegende Schlucht stürzen. Der Ausschnitt, in der einer der Ritter hinabfällt, kann benutzt werden, um zu spekulieren, was wohl davor geschah. Wenn es im Film dann der erste Ritter schafft, die Frage erfolgreich zu beantworten, raten die S, wie sich die Situation weiterentwickeln wird.

Einige Übungen bedürfen der Manipulation von Filmmaterial. Die Szenen müssen vom L vorbereitend neu zusammengestellt und hintereinander auf ein Band kopiert werden.

Die folgenden Übungstypen eignen sich für alle Arbeitsformen im Klassenzimmer, von der Einzelarbeit über Teamwork bis zum Klassengespräch.

Je nachdem, wie vertraut die S mit der Methode sind, können zunehmend freiere Unterrichtsformen gewählt werden.

Varianten

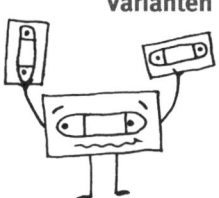

S sehen aus dem gleichen Film zwei Ausschnitte und beschreiben, was dazwischen liegt und was die Ausschnitte verbindet.

S sehen zwei nicht direkt aufeinander folgende Szenen und schreiben die dazwischen fehlenden Dialogteile. Sie präsentieren sie vor der Klasse und begründen ihre Ergebnisse.

Den S wird eine Serie von Sequenzen vorgespielt, jedoch nicht in der richtigen Abfolge des Films. Es ist Aufgabe der S, die logische Reihenfolge zu rekonstruieren und die Verbindungen zwischen den Filmteilen zu entdecken, die Schlüsse über Ursache und Wirkung zulassen. Die S können die Veränderungen beobachten und beschreiben, das Verhalten der Personen analysieren.

In dem Streifen **Children of a Lesser God** bietet es sich an, Szenen herauszugreifen, die die Entwicklung der turbulenten Beziehung zwischen einem Lehrer und seiner taubstummen Schülerin zeigt (cf. S. 127 f.).

▣ Die S erhalten vom L ein Charakterprofil und eine Liste mit Textausschnitten, die sie in Beziehung zueinander setzen sollen. Wer hat was zu wem gesagt?

WS 5   *Who said that? (Octopussy)*

Oder: Der L informiert die Klasse, welche Personen in einer Szene vorkommen und was gesprochen wird. Die S sollen den Text den Charakteren zuordnen und begründen, warum sie glauben zu wissen, wer welchen Satz spricht. Die Szenenanalyse, die Kenntnis von Stereotypen oder auch Lebenserfahrung und Weltwissen können ihnen hilfreich sein.

WS 6   *Who and to whom? (Dead Poets Society)*

▣ L sucht aus einem Film sechs bis acht Szenen aus. Die Klasse wird in kleine Gruppen aufgeteilt, jedes Team sieht drei bis vier dieser Szenen. Dabei wird darauf geachtet, dass alle Gruppen verschiedene Szenen sehen. So könnte eine Gruppe beispielsweise die Szenen 3, 5 und 7 sehen, eine weitere Gruppe 4, 8 und 9 usw. Die S versuchen im Gespräch mit anderen und innerhalb ihres Teams die richtige Reihenfolge der Szenen und die Verbindungen dazwischen herzustellen. Da nicht alle S alle Szenen kennen, müssen sie Informationen mit anderen austauschen, ihr Wissen in der Beschreibung ihrer Szenen versprachlichen. Dadurch entsteht eine gegenseitige Abhängigkeit und eine fruchtbare Gruppendynamik, der Teamgeist wird gefördert, denn die Aufgabe ist nur gemeinsam zu lösen.
Die Beschreibungen müssen möglichst akkurat sein, damit die bestmöglichen Informationen zur Verfügung stehen. Dann können Szenen, gemeinsam auftretende Charaktere, Objekte, Handlungen und Beispiele für Ursache und Wirkung in Beziehung gesetzt werden, sodass die Abfolge der Geschehnisse sichtbar wird.

▣ Viele Filme haben Telephonszenen, in denen nur der halbe Dialog zu hören ist. Es bietet sich geradezu an, die andere Hälfte des Gesprächs zu erschließen und zu rekonstruieren, was am anderen Apparat gesprochen wird.  Selbstverständlich gibt es keine richtigen Antworten, sie können auch nicht im Video überprüft werden. Die S können die besten und logischsten oder lustigsten Vorschläge prämieren. Als ein Filmbeispiel mag die Eröffnungsszene in *Falling in Love* (01.00) mit Robert de Niro und Meryl Streep dienen; viele Telefonate finden sich auch in *Speed, The Pelican Brief, All the President's Men, Wall Street, Ransom* und *Local Hero* (03.00, 28.00, 53.00, 1.14.00).

▣ Eine lustige und kurzweilige Einschleifübung für die Struktur des *going to*-Futurs bietet diese Variante, bei der L die Vorführung des

Videos durch Drücken der Pausentaste direkt an jener Stelle stoppt, an der sich in der Szene eine Wendung oder eine Konsequenz abzeichnet. Die S sollen sagen, was sie als Folge erwarten. Die Antworten können spontan kommen, sie können von Teams erarbeitet werden oder schriftlich beim L zur Kontrolle und Überprüfung hinterlegt werden. Wer die richtige oder lustigste Antwort weiß, erhält einen Punkt.

Soap
Comic
Slapstick

Besonders geeignet sind Filme und Szenen, die überraschende Entwicklungen haben: Soaps, Comics, Slapstickstreifen wie **Mr Bean,** Horror- und Abenteuerfilme wie die Eröffnungsszene von **Indiana Jones and the Temple of Doom.** Im Nachtclub überschlagen sich die Ereignisse und bei der anschließenden Verfolgungsjagd lässt sich kaum eine der folgenden Szenen plausibel vorhersagen. Diese Variante erfordert schnelle Reaktionen der S, der Unterricht geht mit großen Schritten voran, Ergebnisse werden beim Weitersehen unmittelbar deutlich. Bei schwächeren Lerngruppen kann L auch *multiple choice* Optionen anbieten, um die volle Kontrolle über die Übung zu behalten.

Es ist oft günstig, unbekanntere Werke als **Indiana Jones** oder **Mr Bean** heranzuziehen, da die S mit Filmen dieses Bekanntheitsgrades bestens vertraut sein können.

Projekte und Aktivitäten

Die Telefonvariante kann so erweitert werden, dass die S – beispielsweise als Hausaufgabe – einen Telefondialog schreiben. Dies tun sie in zwei halben Dialogen auf zwei separaten Blättern. Auf Blatt eins beginnt der Dialogteil des Gesprächspartners A. Wenn B antwortet, lässt der S auf dem Blatt des Partners A eine Lücke, um anzudeuten, dass das Gespräch auf dem anderen Blatt fortgeführt wird. Die Auswertung erfolgt im Unterricht der nächsten Stunde. Jeder S behält eine Hälfte seiner Dialogteile, die andere Hälfte erhält ein Partner, der die Aufgabe hat, den Dialog aus seiner Sicht der Dinge mündlich zu vervollständigen. Die Originallösung der Hausaufgabe und die des Partners im Unterricht können zum Schluss verglichen werden.

S, die die Möglichkeit haben, schulisch oder privat Filme in der Fremdsprache zu sehen, können Szenenbeschreibungen anfertigen oder Dialoge nachschreiben um zu testen, wie ihre Mitschüler die Szene in einen Anfang und eine Fortsetzung einbetten würden.

Activity 3

Was wäre, wenn ...?
Moving the goal posts, rewriting the story

Die analytische und interpretatorische Betrachtung eines Films und seiner Komponenten ist unterrichtliches Ziel dieser Methode. Im Gegensatz zum Kinobesuch kann der Betrachter eines Videofilms – wie der Leser eines Textes – innehalten, das Band stoppen, sich Gedanken über bisher Gesehenes, das augenblickliche Standbild und die zukünftige Entwicklung machen.

Die S können sich damit auseinandersetzen, wie Elemente des Films auf sie wirken, wie diese miteinander in Beziehung treten und den Film zu einem Ganzen werden lassen. Filme werden im Alltag eher ganzheitlich und gefühlsmäßig wahrgenommen, die Wirkung des Werkes tritt in den Vordergrund. Die analytische Auseinandersetzung findet nur in geringem Maß statt.

Deshalb sollen die S angeregt werden, sich mit der Frage auseinanderzusetzen: Was wäre, wenn ...
  – die Charaktere anders ausgewählt wären?
  – die Personen anders gezeichnet wären?
  – andere Schauspieler verpflichtet worden wären?
  – die Zeit eine andere wäre?
  – der Ort woanders läge?
  – der Regisseur anders hieße?

- Die Klasse erhält vom L arbeitsanteilige Gruppenaufträge, die sich mit der hypothetischen Frage auseinandersetzen: *What would happen if ...* Gruppe A: *characters*, Gruppe B: *people,* Gruppe C: *time,* Gruppe D: *place usw. were different?* Selbstverständlich kann die Fragestellung auch präziser sein und den S bereits Vorgaben machen. Beispielsweise Gruppe A: *What would happen if Indiana Jones were a woman in this film?*
- Die Klasse sieht gemeinsam einen längeren Filmausschnitt.
- Die S bearbeiten in ihren Gruppen ihr jeweiliges Thema und schlagen ein anderes Szenario vor. Ihre Ergebnisse werden der ganzen Klasse in Form von Texten, Referaten, Bildern, Folien, Drehbüchern, Treatments usw. zugänglich gemacht.
- Im Klassengespräch diskutieren die S untereinander oder mit dem L, welche Veränderungen und welche Auswirkungen durch die neuen Vorschläge entstehen, ob sie miteinander kompatibel sind oder sich gegenseitig ausschließen.
- Als Schlussaufgabe (Hausarbeit) werden Elemente aus den Schülervorschlägen ausgewählt und daraus wird ein Alternativskript oder Drehbuch erstellt.
- Die verschiedenen Ergebnisse werden erneut in der Klasse veröffentlicht und verglichen.

Lernniveau	ab Mittelstufe
Sprache	Konditionalsätze Kontrastierung

Vorbereitung

L sucht ein längeres Filmzitat, in dem eine möglichst geschlossene Handlung abläuft. Die wichtigen filmischen Aspekte, die den Charakter dieser Szene ausmachen, werden vom L vorbereitet oder gemeinsam mit der Klasse kategorisiert und festgehalten (z.B. im Tafelanschrieb).

Je nach sprachlicher Fähigkeit und Interesse suchen sich die S ein Thema aus oder werden vom L einer Gruppe zugewiesen. In aller Regel wird es bei den Teams darum gehen zu untersuchen, wie die Menschen des Films sich entsprechend der äußeren Begebenheiten und Konstellationen verändern.

Zur Vorbereitung kann daher das freie Rollenspiel, die Improvisation aber auch die Imitation berühmter Menschen, z.B. Schauspieler, ihrer Eigenheiten und Rollen am Anfang der Arbeit mit einer Sequenz stehen. Diese *post-viewing activity* sollte mit einem ausreichenden Zeitpolster ausgestattet sein, damit kreative Ansätze auch voll genutzt werden können und die zeitintensive Ausarbeitung möglich ist. Dann können die S in der großen Runde der Klasse nach Ähnlichkeiten und Unterschieden in ihren Interpretationen suchen.

Diese Übung gibt den S reichlich Gelegenheit, die Benutzung des Konditionals zu üben:

If he says this, then that will happen.
If she did this, that would occur.
If he had done that, then this wouldn't have happened.

Varianten

Die S versetzen sich in eine der Rollen des Films. Sie überlegen sich, wie sie in der Situation reagierten (Konditional II) oder reagiert hätten (Konditional III). Als Methoden bieten sich dazu beispielsweise an: der Monolog eines S als Darsteller, das Interview mit einem der S, der als Protagonist der Szene auftritt, die Diskussion zweier Protagonisten, die die Konsequenzen ihrer jeweils neuen Spielweise diskutieren.

Die S diskutieren die Handlung eines Films, einer Filmszene oder die schriftliche Zusammenfassung davon. Sie finden die entscheidenden Stellen, an denen die Handlung unter anderen Rahmenbedingungen auch hätte anders verlaufen können.

Die grammatische Variante: Die S berichten über ihre Szenen in der Vergangenheit und sind dadurch gezwungen, das Konditional III zu üben.

Projekte und Aktivitäten

Die von den S gestaltete neuen Filmszenen können vor der Klasse, der Parallelklasse, beim Schulfest vorgespielt werden.

Die Video AG der Schule verfilmt das Ergebnis auf Video, um es einem Publikum (z.B. beim Elternabend) vorzuspielen. Besonders gelungene Produktionen können auch beim Bundeswettbewerb Fremdsprachen als Gruppenarbeiten eingereicht werden. (Die Ausschreibungen gehen den Schulen jährlich im Herbst zu.) Die Regionalprogramme der öffentlich rechtlichen Sender haben Nachmittagsprogramme, in denen Schülervideos ausgestrahlt werden.

█◄█▷ Beim „Filmenden Klassenzimmer" der Bavaria Studios in Münchens Filmstadt Gastelgasteig können eigene Ideen realisiert werden oder es kann auch eine Filmtour gebucht werden:
Bavaria Filmtour
Bavariafilmplatz 7
82031 Geiselgasteig
Tel. 089 – 64 99 23 04
www.bavaria-filmtour.de

█◄█▷ Die Klasse kann ihre schriftlichen Entwürfe den Filmstudios oder Regisseuren zukommen lassen, um von dort eine Reaktion zu erhalten. Gerade jüngere und noch unbekanntere Regisseure nehmen gerne die Gesprächsmöglichkeiten mit S wahr.

█◄█▷ Interessierte S können das Verhältnis zwischen Dramentexten und entsprechenden Filmszenen (z.B. alte und moderne Verfilmungen von **Romeo and Juliet** und **West Side Story, Pygmalion, My Fair Lady** und **Educating Rita**) oder Lyrik und Musical (**Cats**) untersuchen.

█◄█▷ S entwickeln eigene Filmideen nach Vorlagen von Theaterstücken, Prosatexten und Gedichten.

Hinweise zu den Worksheets

WS 1   *What's in a word?*

Film   *The Third Man* (55:00)

Beginn der Handlung   Im Hauptquartier der Armee. Zwei Soldaten sprechen mit Martins, zeigen ihm Dias und legen Beweismittel vor.

Unterrichtsziel   Mithilfe der Schlüsselwörter eines Videoausschnittes sollen die S Spekulationen über dessen Inhalt und Aussage anstellen. Ein mentales Bild einer noch nicht betrachteten Sequenz soll vor ihrem inneren Auge entstehen.

Es ist ganz wichtig, dass die S noch nicht wissen, in welche kriminellen Machenschaften Harry verwickelt ist. Bitten Sie deshalb die S, die den Film kennen, ihr Wissen für sich zu behalten.

Gehen Sie auf die Umstände des Videoausschnitts ein, indem Sie die S befragen, was sie über das Österreich der Nachkriegszeit wissen. Die Aufteilung der Stadt Wien in vier alliierte Zonen bietet Vergleichsmöglichkeiten mit dem Schicksal der deutschen Hauptstadt.

Die Kooperation mit dem Fach Geschichte bietet sich an.

Gehen Sie mit den S die Wortschatzliste auf dem WS durch, führen sie unbekannte Vokabeln ein.
Erläutern Sie, dass als Ergebnis der Ereignisse im Filmausschnitt der Schriftsteller seine Freundschaft mit Harry Lime beendet. Fordern Sie die S auf, sich über Sinn und Bedeutung der Vokabeln aus den Szenen Gedanken zu machen. In welchem Zusammenhang stehen sie mit Harrys verbrecherischem Tun?
Stellen Sie Redemittel des Spekulierens zur Verfügung, indem Sie Beispiele, die aus den Reihen der S kommen, an der Tafel oder auf Folie notieren (und bei Bedarf ergänzen).

Während die S in Partner- oder Kleingruppenarbeit Vermutungen anstellen, können Sie durch die Reihen gehen, sich über ihre Ideen informieren und die Klasse sprachlich unterstützen.
Rufen Sie Ergebnisse für verschiedene Wörter aus den Gruppen ab. Fragen Sie nach den möglichen Verbindungen zwischen Wörtern.
Spielen Sie die Videosequenz vor. Die S sollen nun die kontextuelle Verwendung und Bedeutung eines jeden Wortes herausfinden und diese mit ihren Vermutungen vergleichen.
Gehen Sie mit den S noch einmal die Liste der Vokabeln durch, lassen Sie sie berichten, welche Zusammenhänge zwischen Harrys Verbrechen und den 12 Begriffen sie jetzt kennen.

Lösung

penicillin	*There's been a shortage and consequent black market in Vienna.*
dilute	*Unscrupulous people dilute it to make it go further.*
sell	*It's sold to patients on the black market.*
death	*... the patients die, if they're lucky.*
gangrene	*... some patients have gangrene in the leg.*
childbirth	*... some women in childbirth were given the diluted drug.*
meningitis	*... patients with this disease died or went insane.*
fool	*Officer tells Martins to stop acting like a fool, Martins tells officer he (officer) is a professional fool.*
investigate	*Martins asks him why he doesn't investigate something more important, like Harry's death.*
evidence	*Martins says he's seen no evidence of Harry's involvement in the crime.*
organise	*The officer says Harry organised the penicillin racket.*
disappear	*The witness has disappeared.*

WS 2   *Sounds familiar*

Film   *Star Wars* (31:00)

Beginn der Handlung   Das erste Zusammentreffen zwischen Luke Skywalker und Ben Kenobi findet im Haus von Lukes Onkel in einer Wüste statt.

Unterrichtsziel   Die Aussprache-Schulung will englische Vokale üben und zur Wortschatzarbeit anregen. S erproben und spekulieren über die Einsatzmöglichkeiten verschiedener Lautungen.

Sollten die S mit der Lautschrift nicht gut vertraut sein, empfiehlt es sich, eine entsprechende Liste der Umschrift auf einem Poster oder einer Folie als Referenzmittel zur Verfügung zu stellen. Eine solche Liste kann – auch in der Zukunft – bei der Arbeit mit dem Wörterbuch, unbekannten Texten oder dem Vokabelteil des Lehrwerks die richtige Aussprache neuer Lexik unterstützen.

Ablauf   Lassen Sie einen S die Arbeitsanweisung des WS vorlesen. Gehen Sie anschließend mit den S den Text durch und lassen Sie sie die richtige Lautung der einzelnen Symbole aussprechen.
Dabei können Sie auf die Diskrepanz zwischen Lexemen und Morphemen anhand von Beispielen (zwei Aussprachemöglichkeiten von *tear*, unterschiedliches Schriftbild bei gleicher Lautung *where/wear*) eingehen.
Suchen Sie mit ihrer Klasse noch nicht nach der sinnrichtigen Lösung, sondern ermutigen Sie dazu, möglichst viele passende Wörter mit der entsprechenden Lautung zu suchen.
Als Redemittel können Sie die verschiedene Möglichkeiten, Vermutungen auszudrücken, anbieten.
S suchen in Partnerarbeit oder in kleinen Gruppen Beispiele. Wenn Sie durch die Klasse gehen, können Sie sprachliche Fehler verbessern. Die S nennen im Anschluss an diese Phase ihre Ergebnisse, sie werden im Anschrieb gesichert. Die Klasse wägt gemeinsam ab und begründet in der Diskussion, welches Wort innerhalb des Gesamttextes am ehesten plausibel erscheint.
Spielen Sie nun den Ausschnitt vor und lassen Sie die S ihre Ergebnisse mit dem Original vergleichen.

Lösung

1 *best*	9 *young*
2 *good*	10 *mine*
3 *old*	11 *turned*
4 *feared*	12 *side*
5 *like*	13 *gives*
6 *age*	14 *field*
7 *peace*	15 *things*
8 *dark*	16 *binds*

He wouldn't say that

Film ***Born on the Fourth of July*** (13:40)

Beginn der Handlung Eine große Schülergruppe sitzt in einem Versammlungsraum, zwei Sergeants der Marines kommen herein, um eine Rede zu halten.

Unterrichtsziel Die S sollen sich darüber Gedanken machen, welche Person in einer ganz bestimmten Situation was sagen könnte. Daraus ergibt sich eine gute Gelegenheit, über die allgegenwärtige Stereotypen in der virtuellen Realität des Films wie auch im wahren Leben nachzudenken und sie zu hinterfragen.

Es ist nützlich herauszufinden, über welches Vorwissen zum Krieg in Vietnam die S verfügen. Welche Vorstellungen haben sie von den Marines und der Armee im Allgemeinen?

Ablauf Lassen Sie die S bestimmen, was einen guten Soldaten ausmacht.
Lesen Sie ihnen die Einleitung zum *WS* vor oder erläutern Sie, dass im Videoausschnitt zwei Sergeants der US Marines vor einer Schülergruppe eine Rede halten, um sie für die Truppe und den Kampf in Vietnam anzuwerben.
Lassen Sie die Klasse allein oder in kleinen Teams von zwei bis vier S erarbeiten, was sie von der Rede der Soldaten erwarten: Mit welchen Argumenten könnten diese ihr Publikum konfrontieren?
Diskutieren Sie die Arbeitsergebnisse mit der Klasse, lassen Sie über die Wahrscheinlichkeit ihres Vorkommens im Film und die Überzeugungskraft der Textteile abstimmen.
Geben Sie den S dann die Liste mit den zwölf Zitaten: Welche davon erwarten sie von den Marines zu hören? Erinnern Sie bei Bedarf an die sprachlichen Möglichkeiten, Vermutungen zu äußern. Verlangen Sie begründete Stellungnahmen, geben Sie ausreichend Zeit für Diskussionen.
Zeigen Sie das Video, lassen Sie die S überprüfen, welche Sätze tatsächlich vorkommen.
Besprechen Sie mit den S, ob das Ergebnis für sie unerwartet ist.

Lösung Die Sätze, die nicht dem Video entstammen, sind: 3, 5, 6, 9, 11,12.
(Satz 9 ist einer Rede von Präsident Kennedy entliehen.)

WS 4 ***Mixed up kid***

Film ***The Bodyguard*** (12:30)

Beginn der Handlung Kevin Costner spricht mit einem kleinen Jungen am Rand eines Swimming Pools.

TIPP

Nennen Sie nicht den Filmtitel! Der Streifen ist bei S bestens bekannt, die *Activity* könnte dadurch entwertet werden.

Unterrichtsziel

Die S sollen anhand einer Reihe von sprachlichen Äußerungen erkennen, welche engen Zusammenhänge, Abhängigkeiten und Rückbezüge in einem Gespräch zwischen zwei Menschen zu beobachten sind. Sie sollen sich die mögliche Spielhandlung der Sequenz im Bezug auf die zehn Sätze vorstellen.

Ablauf

Erklären Sie, dass in diesem Videoausschnitt zwei Menschen miteinander reden, die Abfolge der entsprechenden Textzeilen auf dem WS jedoch durcheinandergeraten ist.

Lassen Sie jeweils zwei Partner den Versuch unternehmen, den Dialog zu rekonstruieren. Entwerfen Sie mit den S mögliche Abfolgen und sichern Sie sie an der Tafel oder auf dem Tageslichtprojektor.

Lassen Sie dann die Fragen 1 bis 8 auf dem WS spekulativ beantworten. Verschiedene Interpretationen der Situation im Film können dabei zum Vergleich nebeneinander gestellt werden. Bieten Sie bei Bedarf Redemittel zur Äußerung von Vermutungen an.

Entwickeln und diskutieren Sie mit der Klasse Filmszenarien, die die S sich nach Textkenntnis und Spekulation vorstellen können.

Zeigen Sie zum Vergleich den Ausschnitt.

Lösung

A 4 *or* 7	B 9
B 4 *or* 7	A 8
A 10	B 1
B 2	A 6
A 5	B 3

WS 5   **_Who said that?_**

Film   ***Octopussy*** (15:00)

Beginn der Handlung   Beginn der Handlung: Das sowjetischen Politbüro trifft sich in einem großen Raum.

Unterrichtsziel

Die S erhalten für diesen Filmausschnitt drei klar definierte Charakterprofile. Jede der Personen hat Absichten, die ihr eindeutig zuzuordnen sind.

Die Aufgabe der Klasse besteht darin, durch gezielte Überlegungen herauszufinden, welcher Satz zu welchem Menschen passt.

Der Übung liegt folgender Gedanke zugrunde: Jede der zwölf Aussagen soll im Kontext politischer Ideologie und Taktik interpretiert werden. Viele der Sätze können auf verschiedene Arten gelesen und eingeordnet werden, dadurch erhalten die S reichlich Gelegenheit, Interpretati-

74

onsansätze zu finden und diese auf ihre Brauchbarkeit zu untersuchen. Die S stellen Mutmaßungen an, wägen Möglichkeiten ab oder drücken ihre Überzeugung aus.

Ablauf Fragen Sie Ihre S nach Vorwissen zum Kalten Krieg, definieren Sie mit ihnen die politischen Begriffe *hawks* und *doves,* lassen Sie muttersprachliche Entsprechungen suchen.

Ziehen Sie die Möglichkeit des fächerübergreifenden Lernens in Betracht.

Lassen Sie die Informationen zu den drei Sprechern im Film lesen und in einer Partnerarbeitsphase entscheiden, welche der drei Personen wohl welche Sätze spricht.
Stellen Sie eventuell Redemittel zu Annahme, Möglichkeit, Wahrscheinlichkeit, Unsicherheit etc. zur Verfügung.
Tragen Sie die Schülerergebnisse zusammen und sichern Sie sie. Lassen Sie die Ergebnisse begründen und korrigieren Sie sie sprachlich.
Spielen Sie den Filmausschnitt vor, damit die S ihre Annahmen mit der Vorlage vergleichen können.

Lösung

A	1	E	2	I	1
B	3	F	2	J	1
C	1	G	1	K	2
D	1	H	1	L	2

WS 6 *Who and to whom?*

Film *Dead Poets Society* (04:00)

Beginn der Handlung Das Ende einer Schulversammlung, Schüler und Eltern verlassen die Halle. Es bietet sich alternativ an, den Film vom Anfang an zu zeigen, um die typische Atmosphäre einer *public school* zu vermitteln.

Unterrichtsziel Auf dem WS finden sich zwölf Sätze. Ihre Sprecher und Adressaten gehören jeweils einer der drei Gruppen an: Eltern, Schüler und Lehrer. Die Klasse bezieht begründet Stellung, welcher Satz von welcher Gruppe stammt und an wen er gerichtet ist.
Die S beschäftigen sich mit Textausschnitten, die ihrer Lebenswelt und Erfahrung entsprechen, ähnliche Kommentare haben sie ganz sicher schon einmal gehört.

Ablauf Lassen Sie die S äußern, was sie über Internatsschulen wissen und wie sie sie bewerten.

Lesen Sie der Klasse die Einleitung des WS vor und teilen Sie sie in Paare oder Kleingruppen auf. Die S sollen miteinander besprechen, welche Aussagen sie von Schülern, Eltern und Lehrern am Tag des Schulbeginns erwarten. Als Alternative können Sie jeweils einen Satz pro Gruppe aufschreiben lassen und diese Sätze an der Tafel oder auf Folie sammeln. Ordnen sie mit der Klasse die *statements* in einer Prioritätenliste nach Wahrscheinlichkeit oder suchen Sie die *Top Ten Hits*. Diskutieren Sie die Ergebnisse.

Richten Sie die Aufmerksamkeit der S auf die Personalpronomina der Sätze, sie sind für die Zuordnungen von größter Bedeutung und werden Anlass und Ziel von Vermutungen sein. Stellen Sie gegebenenfalls notwendige Redemittel zur Verfügung. Verbessern Sie sprachliche Fehler auf den Listen.

Spielen Sie den Ausschnitt vor und vergleichen Sie die Schülerantworten mit der Vorlage. Überprüfen Sie das Detailwissen: Erinnern die S die näheren Umstände der einzelnen Sätze?

Lösung

1	t	s		5	s	s		9	s	p
2	t	s		6	p	s		10	p	s
3	p	t		7	p	s		11	s	s
4	s	s		8	p	s		12	s	s

t = *teacher*
p = *parent*
s = *student*

What's in a word?

In this scene a military policeman and a writer are discussing the activities of a friend of the writer in post-war Austria. As a result of their conversation, the writer decides to end the friendship.

Here are some of the words that the two men use in their conversation:

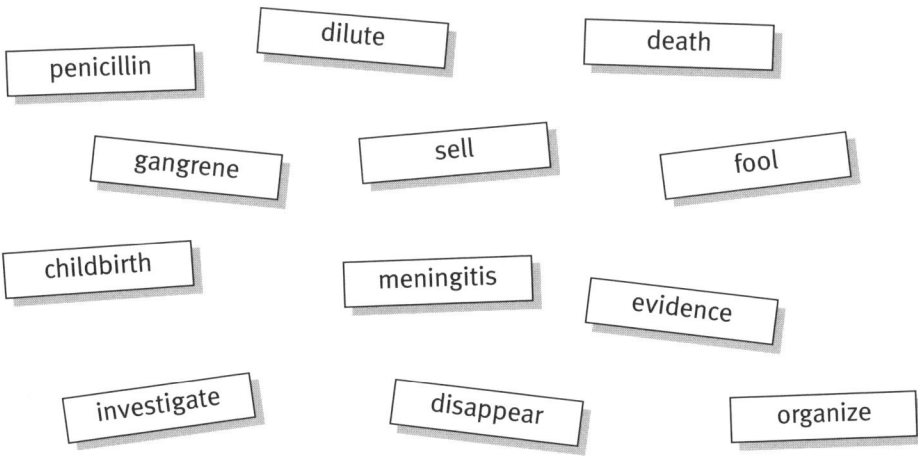

penicillin

dilute

death

gangrene

sell

fool

childbirth

meningitis

evidence

investigate

disappear

organize

● *Find out the meaning of any words that you don't know. Then see if you can imagine what the two men talk about. Feel free to come up with your own ideas. You will probably want to use language like this:*

> Maybe ...
> Perhaps ...
> ... may/might/could ...
> ... possibly ...
> ... probably ...
> I suppose/imagine/reckon/expect/bet ...

● *Be prepared to present your ideas to the rest of the class.*

● *When you have finished your discussion, watch the scene and see how close each person or group was to the real scene.*

Sounds familiar

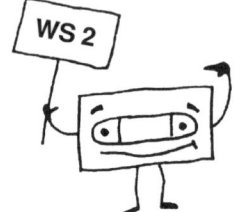

WS 2

In this scene the character Ben Kenobi is explaining to Luke Skywalker all about the Jedi and the Empire. The missing words in the transcript below are all monosyllabic.

● *Use your phonetic chart to identify the vowel sound and try to guess the missing word. How many monosyllabic words do you know with that sound and which ones make sense in the text? It will also help to work out what kind of word is missing grammatically.*

He was the (1)_____ ⁻e⁻ _____ star pilot in the galaxy and a cunning warrior. I understand you've become quite a good pilot yourself, and he was a (2)_____ ⁻ʊ⁻ _____ friend.

Which reminds me, I have something here for you, your father wanted you to have this when you were (3)_____ ⁻əʊ⁻ _____ enough, but your uncle wouldn't allow it. He (4)_____ ⁻ɪə⁻ _____ you might follow old O B Wan on some damn fool idealistic crusade (5)_____ ⁻aɪ⁻ _____ your father did. Your father's lightsabre. This is the weapon of the Jedi Knight, not as clumsy or as random as a blaster, an elegant weapon for a more civilised (6)_____ ⁻eɪ⁻ _____. For over a thousand generations the Jedi Knights were the guardians of (7)_____ ⁻iː⁻ _____ and justice in the old republic; before the (8)_____ ⁻ɑː⁻ _____ times; before the Empire.

A (9)_____ ⁻ʌ⁻ _____ Jedi named Darth Vader, who was a pupil of (10)_____ ⁻aɪ⁻ _____ until he (11)_____ ⁻ɜː⁻ _____ to evil, helped the Empire hunt down and destroy Jedi Knights. He betrayed and murdered your father. Now the Jedi are all but extinct. Vader was seduced by the dark (12)_____ ⁻ɪ⁻ _____ of the force.

The force is what (13)_____ ⁻ɪ⁻ _____ the Jedi his power; it's an energy (14)_____ ⁻iː⁻ _____ created by all living (15)_____ ⁻ɪ⁻ _____; it surrounds us and penetrates us; it (16) _____ ⁻aɪ⁻ _____ the galaxy together.

He wouldn't say that

In this scene you will hear a US Marine sergeant talking to a group of students. He is trying to persuade them to join the Marines, which would involve going to fight in Vietnam.

● Before you look at the quotes below, what kind of things would you expect him to say?

● Now look at the quotes. Some of them are from the scene, but some have been invented to confuse you. Which ones do you think are authentic?

1 First to fight, we have never lost a war ...

2 There is nothing finer, nothing prouder, nothing standing as straight ...

3 The important thing is to kill the enemy before he kills you ...

4 Not everybody becomes US Marines. We want the best and we'll accept nothing but the best ...

5 If Napoleon or Hitler had had us, the world would be speaking French or German today ...

6 You can either serve your country, or you can stay at home with the women and children ...

7 A good Marine is a thinking Marine ...

8 If you want a challenge, if you want to try something difficult, try to achieve the impossible ...

9 Ask not what your country can do for you, but what you can do for your country ...

10 You find out if you've got what it takes, you find out if you really are a man ...

11 Whatever you do, wherever you go, whoever you meet, a Marine is always special ...

12 Cleaning toilets isn't the only thing you'll do ...

● Discuss your conclusions with a partner and explain your reasons.
● Now watch the scene and find out which lines were really spoken by the Marine sergeant.

Mixed-up kid

Here is a dialogue between two people. The order of the
lines has been mixed up. Decide on a logical order and
arrange the numbers accordingly.

1 I don't know.   A ☐

2 I'm fine, how about yourself?   B ☐

3 You're a pretty smart kid.   A ☐

4 Hi.   B ☐

5 I'm fine. Do you like boats?   A ☐

6 Sure you do, but you don't want to tell me. B ☐

7 Hi.   A ☐

8 Why not?   B ☐

9 No, I don't like boats.   A ☐

10 How are you today?   B ☐

● When you think you have the correct order, speculate about the following
aspects of the scene in which the dialogue takes place:

▶ What is the relationship of the two people?
▶ Who are they?
▶ Where are they?
▶ What are they doing?
▶ What are they wearing?
▶ When did the exchange occur?
▶ What were the reasons for their meeting?
▶ Had they met before?

Don't worry about finding one correct answer, see how many different possible
answers you can think of.

Who said that?

In this scene the members of the Cold War Soviet Polit-bureau are having a meeting. Three people are speaking:
① a "hawk" – a Soviet general who would like to provoke a military conflict with the West
② a "dove" – a moderate liberal general who is in favour of detente
③ the president, who is also in favour of detente and wishes to moderate between the two factions and keep everybody happy.

● *Look at these extracts from their conversation and decide which of the three characters is speaking in each case. Place the corresponding number in the box.*
● *Explain your reasons to other members of the class.*

A ... *total victory in five days against any possible defence scenario* ... ☐

B ... *Our military role is strictly defensive* ... ☐

C ... *cling to timid, outdated and unrealistic policies* ... ☐

D ... *The West is decadent and divided* ... ☐

E ... *counter-attack with nuclear weapons* ... ☐

F ... *turn our energies to pressing domestic problems* ... ☐

G ... *a ten-to-one advantage* ... ☐

H ... *demonstrations demand unilateral nuclear disarmament* ... ☐

I ... *variety of attack strategies* ... ☐

J ... *our overwhelming superiority over NATO forces* ... ☐

K ... *personal paranoia and thirst for conquest* ... ☐

L ... *does not compromise our defence position* ... ☐

Who and to whom?

WS 6

In this scene teachers, parents and students are gathered together on the first day of school at an expensive American boarding school. It is almost time for the parents to leave and for the new term to begin. The parents are saying goodbye to their children and making final comments to the teachers. Some of the boys already know each other, while others are at the school for the first time.

● What would you expect each of the groups to be thinking and feeling? How would they express themselves?

● Here are some quotes from the scene. Decide who is speaking in each case and who they are speaking to, i.e. a parent (p), student (s) or teacher (t).

		Speaking	Speaking to
1	You have some big shoes to fill.	☐	☐
2	We expect great things from you this year.	☐	☐
3	If he can't swallow, give him one of these.	☐	☐
4	He was born with his foot in his mouth.	☐	☐
5	That's why I help him with Latin.	☐	☐
6	I think you're taking too many extracurricular activities.	☐	☐
7	Don't you ever dispute me in public!	☐	☐
8	You do as I tell you!	☐	☐
9	I'm always taking on too much.	☐	☐
10	You need anything, you let us know.	☐	☐
11	Why doesn't he let you do what you want?	☐	☐
12	I don't like it any more than you do.	☐	☐

IV Verändern und erweitern
Dragging it out further than it will go

Bei all den Bemühungen um sprachliche Interaktion, die die englischsprachigen Kollegen so schön mit *meaningful* umschreiben, verliert mancher von uns gelegentlich die nicht linguistischen Aspekte des Ausdrucksvermögens aus dem Blickwinkel. Wieviel Zeit verbringen wir damit, den S zu vermitteln, was und wie sie etwas sagen sollen. Und wieviel Zeit stellen wir ihnen dann wirklich zur Verfügung, um selbständig initiativ zu werden, ihre eigenen Ideen zu entwickeln und sich auf ihre ganz persönliche Art und Weise auszudrücken.

Sprachenlernen ist besonders dann effizient, wenn die Aufmerksamkeit des Lernenden durch sein Handeln in Anspruch genommen wird, nicht durch die Sprache selbst. Die Sprache ist dann nicht mehr Selbstzweck, sondern wird zum Instrument der Vermittlung.

Deshalb wollen wir uns in diesem Abschnitt der paralinguistischen Begleiter annehmen, die auch zu einer *meaningful interaction* gehören. Es geht uns in diesem Kapitel nicht so sehr darum, was Videoszenen zeigen, sondern eher um das, was sie zeigen könnten. Wir wollen spielerische Impulse geben, einladen zu Sinnlichkeit und Körpererfahrungen, zum Entdecken von nichtsprachlichen Ausdrucksmöglichkeiten und die eigenverantwortete Ausgestaltung eines Sprechanlasses für ein Publikum vorbereiten. Vorstellungskraft und Kreativität sollen die S dazu bringen, die Fremdsprache als *ein* Medium *ihrer* persönlichen Ausdrucks- und Kommunikationsfähigkeit zu verstehen.

Wir schlagen einen großen Bogen: Wir beginnen mit der rein körperlichen Präsentation im darstellenden Spiel, gehen weiter zur individuell geplanten, vorbereiteten und durchgeführten formalen Debatte, fördern die Einsicht in die Verknüpfung von Inhalt und grammatikalischer Form, kommen zu den Rollenspielen, mit denen Jugendliche sich so gerne am Computer, an Spielkonsolen und bei Parties beschäftigen, und enden bei lyrischen Versuchen.

Activity 1   **Darstellendes Spiel**   *Do what I say, not what I do*

In dieser *Activity* wird dem Video eine neue, hier bisher noch nicht diskutierte Funktion zugewiesen. Die visuellen Informationen der Bilder und Szenen sollen durch einen Berichterstatter und Anweiser (Partner B) übermittelt werden; er leitet Partner A an, die Handlung des Films nachzuahmen. A hat also zwei Informationsquellen:

– die Töne und Gesprächsanteile des Videobandes, die er mitverfolgen kann, und
– seinen sehenden und berichtenden Partner B.

Durch die sonst oft unreflektiert wahrgenommene, jetzt aber plötzlich fehlende unmittelbare Anschaulichkeit der Videosequenz, die ein Ereignis, einen Ablauf oder eine Spielhandlung ganz konkret zeigt, ergibt sich für die S der Anreiz, Videoszenen im szenischen Spiel selbst auszuprobieren, nachzustellen, zu erweitern, zu verwerfen oder neu zu gestalten.

Videokamera

So entsteht eine neue Handlung, die nach der Aufführung zum Vergleichen, Besprechen und zur Entwicklung von Kommunikationsstrategien einlädt. Ideal wäre der Einsatz einer Videokamera zum Vergleich des Filmausschnittes mit der Spielhandlung der S.

● Die Klasse wird in Zweierteams eingeteilt, die aus Partner A und Partner B bestehen.
● Während eine Videosequenz mit Ton vorgespielt wird, steht A mit dem Rücken zum Monitor.
● Partner B sieht die Szene und gibt rein verbale Anweisungen zur Imitation. B darf keine Körpersprache verwenden.
● A soll möglichst akkurat die Handlungen nachahmen, die in der Szene dargestellt sind.

Wenn die Komplexität der Szenen und ihrer Handlungen, die Geschwindigkeit der Abläufe und die Anzahl der im Film zu sehenden Personen dies zulassen, kann die Übung noch fortgeführt werden. Dies sollte jedoch nur mit einer kooperativen Lerngruppe geschehen, denn die Aufgabe verlangt den S ein schnelles Reaktionsvermögen ab: Denken, Reaktion und Handeln folgen eng aufeinander.

● Für jede weitere Person im Film agiert in der Klasse ein weiterer Spieler. Die zuhörenden S setzen die sprachlichen Anweisungen ihres Informanten in Bewegung um: Ortswechsel, Pantomime, Gestik und Mimik.
● Das Ergebnis lässt sich auf Video aufnehmen und mit der ursprünglichen Szene als konkretem Anhaltspunkt vergleichen.
● S stellen Gemeinsamkeiten und Unterschiede zwischen beiden Szenen fest. Sie merken, wo die zuhörenden und handelnden Partner auf unvermeidliches Unverständnis stießen, weil Textinformationen aus dem Video für sie nicht zu den Handlungsanweisungen ihrer Partner passten.
● Mit dem L analysieren sie die Ursachen dafür und legen Strategien fest, mit deren Hilfe solche Kommunikationsschwierigkeiten überwunden werden sollen.

Lernniveau	alle Stufen
Sprache	Befehlsformen
	Vokabular des menschlichen Körpers
	Verben der Körperbewegung
	Qualitäts- und Mengenbezeichnungen: *a bit more, not so much, too much, not enough*

Vorbereitung **TIPPS**

Besondere Sorgfalt und Vorsicht des L sind bei der Auswahl der Filmsequenzen gefragt. Sie müssen sich nicht am Geschmack der S orientieren. Gewalt- und Action-Sequenzen eignen sich für unsere Vorschläge genau so wenig wie allzu amouröse Sequenzen, die die Intimssphäre der S verletzen und sie der Lächerlichkeit preisgeben könnten.

Mit Rücksicht auf die Befindlichkeit der S und zur Sicherung ihrer Kooperationsbereitschaft sollten die Absichten der Übung deutlich besprochen werden. Es sollte klar sein, dass Rollen austauschbar sind und beim nächsten Mal aus einem Partner A ein B werden kann. Wird bei den ersten Versuchen nicht die ganze Klasse einbezogen, so sind die stabileren und eher extrovertierten S am Anfang besser geeignet als sehr sensible Partner.

Je jünger die S, desto intensiver sollte die Entlastung des Vokabulars und die Bereitstellung notwendiger Redemittel sein.

Auch bei der Verfolgung kommunikativer Ziele darf die sprachliche Richtigkeit nicht aus den Augen verloren werden. Eine Klasse, die die Zielsprache verballhornt, um eine Botschaft zu vermitteln, ist nicht in unserem Interesse. Andererseits müssen die S lernen, im Englischen zu improvisieren, Dinge und Sachverhalte zu umschreiben, sich neuen Situationen unter Zeitdruck anzupassen und ihre Sprache dann zu vereinfachen, wenn ihnen komplexere Ausdrucksmöglichkeiten oder prägnantes Vokabular nicht zur Verfügung stehen.

Entdeckt L gravierende Mängel und größere Wortschatzlücken, erhält er wertvolle Hinweise für eine Fehleranalyse und -therapie oder für den Bedarf, neue linguistische Felder zu erschließen.

Die in dem Bereich der Fremdsprachenvermittlung in der Vor- und Grundschule dominierende Methode TPR *(total physical response)* animiert S ganzheitlich und handlungsorientiert zum Mitmachen.

Mit einem *aerobics workout* bereitet man allen Beteiligten Spaß und schafft eine informelle Atmosphäre. Die Zielsprache zum Thema „Bewegungen"

lässt sich dabei besonders schön einführen, wiederholen und festigen, denn die gesprochenen Handlungsanweisungen und die Ausführung des „vorturnenden" L oder S kommen zeitgleich. Zu großen Teilen kann das Vokabular auch durch *inferring* kontextuell erschlossen werden.

Durch die überwiegenden Imperativformen ergeben sich nur geringe Strukturschwierigkeiten.

Videoaufnahmen der Lockerungsübungen bieten hilfreiche Kontroll-möglichkeiten, mit denen sich die S von ihren Erfolgen oder ihrem Scheitern überzeugen können. Kritik ist deshalb nicht nötig und kann so in diesem sensiblen Feld erst gar nicht als unangenehm empfunden werden.

In Spielfilmen eignen sich besonders Szenen und Sequenzen mit einer großen Bandbreite verschiedener Bewegungen und Gesten, die be-schrieben werden können. Der sprachliche Gehalt ist dabei von eher untergeordneter Bedeutung; wenn er jedoch die Handlungen klar unterstützt, ist dies sicher kein Schaden. Als ein Filmbeispiel kann dafür die Szene in dem Katastrophenfilm **Titanic** (2.00.00) dienen, in der die Heldin Leonardo di Caprio aus seiner Kabine rettet, wo er mit Hand-schellen gefesselt ist.

Wenn das Ziel der Übung jedoch sein soll, die S zum genauen Anhören eines Dialogs zu bringen, können auch Szenen mit dominierendem Textanteil und einfacher Spielhandlung gewählt werden. Dann richtet sich die Aufmerksamkeit der S schwerpunktmäßig auf das Gesprochene. Durch die Textinformationen lassen sich Bewegungen und Gesten leich-ter imitieren. Als ein Filmbeispiel hierzu kann die textlastige erste Be-gegnung zwischen der neuen Studentin und ihrem Professor in Willy Russells **Educating Rita** dienen.

Wenn die Übung mit nur *einem* Team A und B durchgeführt wird und der Rest der Klasse zuschaut, bietet es sich an, die S so zu setzen, dass sie nur den nachahmenden A sehen, nicht aber die Szene auf dem Monitor. Dadurch achten sie mehr auf die Tonspur mit dem Text.

Szenen mit Witz und Humor in den Bildern schaffen größeres Interesse. Ein sehr nettes Beispiel dafür findet sich **A Fish Called Wanda** (1.19.00), wenn Ken gefoltert wird, damit er das wahre Versteck eines Schatzes verrät.

Varianten

🎞 Der nach Anweisung spielende Partner A darf sich einmal zusam-men mit dem anleitenden Partner B die Szene anschauen. Danach steht A mit dem Rücken zum Monitor, B sagt ihm jetzt, was er zu tun hat.

🎞 B sieht eine Szene und berichtet A, der sie nachspielt. Nach dem Ende der gespielten Szene stellt sich B vor, wie diese weitergehen könnte. Das ist vor allem dann interessant, wenn eine neue Entwicklung zu erkennen ist, wenn sich die Handlung dramatisch zuspitzt, wenn eine Wendung erwartet wird. B lässt A auch diesen Teil darstellen. Schöne Filme für dieses Übung finden sich in alten, melodramatischen Horror-klassikern wie **Dracula** oder **Frankenstein.**

🎞 In dieser Übung, die mit größeren Gruppen ganz gut funktioniert, kommen mehrere spielende Partner A auf einen anleitenden B-Partner. Die A-Schüler können sich gegenseitig beobachten, ihre Handlungen vergleichen, die Wirkung kontrollieren, sie gegebenenfalls anpassen oder Mitschüler zu Veränderungen bewegen.

Nach einiger Erfahrung mit dieser Übungsform können B-Partner von der Vorlage der Handlung des Streifens abweichen und eigene Ideen als frei erfundene Anweisungen einschmuggeln.

Partner A muss beim späteren Betrachten der Szenen diese Teile herausfinden.

Projekte und Aktivitäten

Regieanweisungen

▗▄▖ S sehen eine Videosequenz und schreiben im Anschluss in kleinen Gruppen die dazugehörigen Regieanweisungen für das Drehbuch, sie notieren die erwünschten Lichteffekte, beschreiben beispielsweise die Kostüme, das Make-up und die Bühnenausstattung mit ihren Requisiten. Wenn er möchte, kann der L vor oder nach dem Betrachten der Sequenz den S die Dialogliste an die Hand geben. Die so entstandenen Versionen werden im Unterricht miteinander verglichen und gegebenenfalls prämiert.

▗▄▖ In einer ganzen Reihe von Spielfilmen wird die Entstehung, Planung, Inszenierung und der Dreh eines Films ganz oder teilweise selbst zum Thema. **The Last Tycoon** mit Robert de Niro, **The French Lieutenant's Woman** mit Jeremy Irons, **A Chorus of Disapproval** mit Anthony Hopkins und Jeremy Irons oder **Notting Hill** mit Julia Roberts und Hugh Grant mögen als Beispiele dienen.

In ihnen wird deutlich, dass das auf der Leinwand oder am Monitor sichtbare Ergebnis der schauspielerischen Leistung nur einen geringfügigen Ausschnitt der Tätigkeiten ausmacht, die bei der Herstellung eines Filmes anfallen. Der wesentlich größere Teil spielt sich während der Planungsphase und vor dem eigentlichen Dreh ab. Bei aufwendigen Produktionen arbeiten oft umfangreiche Mitarbeiterstäbe: Zu den wichtigsten Mitwirkenden hinter der Kamera und den Kulissen zählen Produzent, Drehbuchautor, Regisseur, Produktionsleiter, Set-Designer, Regieassistent, Kameramann, Besetzungsleiter, Bild- und Tonschnittmeister, Beleuchter, Komponist, Musiker, Aufnahmeleiter und Kostümbildner.

„Film im Film"

Beim Thema „Film im Film" oder auch „Schauspiel im Film" wird in einer Geschichte erzählt, wie ein Film entsteht. Produktionsbedingungen werden dadurch deutlich, die an ihr Beteiligten und ihre Intentionen treten in den Mittelpunkt. Das Medium entzaubert sich ein Stück weit, wenn es selbst zeigt, wie Illusionen geschaffen werden. Die Einrichtung von Szenen, das Einüben der Dialoge und die Erprobung von Wirkungen beleuchten verschiedene Spielarten und mögliche Wirkungsweisen.

Es ergeben sich mehrschichtige Handlungsebenen und -stränge, die eng miteinander verknüpft sind und ineinander übergehen. Die erzählte Geschichte wird mehrfach gebrochen, die Perspektive häufig gewechselt. Für den fremdsprachlichen Unterricht ergeben sich daraus vielfache Ansätze zum Vergleich von Szenen und Sequenzen, von Ursache und Wirkung, von Aussageabsicht und technischer Realisierung.

Activity 2   Debatten   *That gives me an idea*

Wenn Magier mit Leichtigkeit und Eleganz Kaninchen aus dem Zylinder ziehen, verblüffen sie ihre Zuschauer. Nach einer gelungenen Vorstellung bereden die verwunderten Besucher noch lange, wie geschehen konnte, was geschah, welche Voraussetzungen dafür nötig waren und ob vielleicht Tricks im Spiel waren. Wir L haben es mit den uns zur Verfügung stehenden Hilfsmitteln da schon viel schwerer, dem jugendlichen Publikum im Klassenraum bunte Illusionen und eine zauberhafte Stimmung zu bieten. Statt mit der Hilfe eines Zylinders können wir aber mit einem Videogerät und den passenden Szenen aus einem Film ein Unterrichtsthema verblüffend lebendig werden lassen und die richtige Atmosphäre für eine Auseinandersetzung in einer formalen Debatte schaffen.

Auch wenn das Format einer Debatte L und S meist gut bekannt ist, verschwinden bei den S der erste Enthusiasmus und die Bereitschaft, sich auf das Abfassen von Reden und die Ausgestaltung von Diskussionen einzulassen, meist schon beim Erkennen ihres limitierten Wortschatzes. Hier kann eine Vorlage im Video Abhilfe schaffen.

Filmskript   Schleichen sich im wahren Leben bei Diskussionen Wiederholungen, Widersprüche, Redundanzen und ein Mangel an argumentativer Präzision ein, so glänzen die im Filmskript niedergeschriebenen Dialoge oft mit geschliffenen Formulierungen, systematischer Ordnung und stringenter Gliederung. Widersprüchliches wird durch verstärkte Polarisierung auf den Punkt gebracht, um den Fortlauf der Filmhandlung zu gewährleisten. Meist hat die Entscheidung für oder gegen eine Position offensichtliche Konsequenzen im weiteren Handlungsverlauf. Der Zuschauer wird in den Entscheidungsprozess hineingezogen, dessen Resultate sind für ihn nachvollziehbar.

Das Feuer einer hitzigen Auseinandersetzung im Film kann auch die Diskussion im Klassenzimmer entfachen. Das audiovisuelle Material dient dabei als Vorlage und Rollenmodell, der Film bleibt als feste Größe und Bezugspunkt stehen, die S können sich zum Vergleich auf ihn rückbeziehen. Ob dabei ein geeigneter Streifen vor der Debatte steht oder erst während der Diskussion oder gar zum Ende eingesetzt wird, bleibt dem L und seinen unterrichtlichen Intentionen überlassen.

Folgende Filmbeispiele wären geeignet:

Star Trek 4 (39:30): Die Debatte über Wale und Umweltthemen; die Mannschaft des Raumschiffes *Enterprise* reist in der Zeit zurück, um die Wale vor dem Aussterben zu retten. Sie diskutiert dabei die Einstellung der Menschen zu diesen Themen.

Betrayal (52:00): Ben Kingsley und Jeremy Irons erörtern die Gründe, warum sie männlicher Gesellschaft den Vorzug geben.

Fahrenheit 451 (57:30): Die Philosophie der Bücherverbrennung ist Grundlage einer Auslassung über Zensur.

Lord of the Flies (5:30): In der Neuverfilmung besprechen die Jungen ihre Überlebenschancen und -strategien, nachdem sie erkannt haben, dass sie sich auf einer Insel befinden.

Chariots of Fire (55:00): Religion und Sport werden thematisiert.

Jumanji (9:00): Eine Debatte über Kinder und Freiheit, Vater und Sohn diskutieren den schulischen Werdegang des Jungen.

Dead Poets Society (7:00): Ähnliches findet sich, wenn Neil und sein Vater über außerschulische Aktivitäten debattieren.

Danny (27:00): Mit Jeremy Irons wird die Frage der richtigen Erziehung angesprochen.

Poltergeist (42:00): Eine Diskussion über übernatürliche Dinge; die Besucher des Hauses stellen Untersuchungen an und diskutieren verschiedene Phänomene, die sie beobachten.

Cocoon 2 : Eine Debatte über das Alter; sie beginnt mit der Eröffnung des Films und reicht bis zu der Szene am Grab. Ein alter Mann bedauert seinen Ruhestand.

Last Action Hero (35:30): Hollywood und Realismus werden zum Thema. Der Junge erklärt Arnold Schwarzenegger, warum er eine fiktionale Gestalt sein muss.

The Untouchables (1:41:00): Über Recht und Gerechtigkeit lässt sich trefflich streiten: Kevin Costner nimmt das Recht in seine eigenen Hände und wirft einen Schurken vom Dach.

Scoop (19:00): In diesem Ausschnitt besucht ein Journalist den Besitzer einer Zeitung, um ihm eine Lektion über Unparteilichkeit zu erteilen.

Local Hero (37:30): Die Sinnhaftigkeit vegetarischen Essens wird zum Diskussionsgegenstand, wenn das von den beiden Besuchern adoptierte Kaninchen als Mahl auf den Tisch ihres Hotels kommt.

The Dream Team (8:00): Eine Diskussion über Psychiatrie: Ein Psychiater hält eine Therapiesitzung mit vier Patienten ab. Siehe dazu WS 1 (unten), aber auch die Partyszene in

Crocodile Dundee (1:05:00).

My Left Foot (19:00): Behinderung wird in der Szene mit dem Priester angesprochen. Entsprechende Ausschnitte finden sich auch in

Rain Man.

WS 1 A/B	We can work it out **(The Dream Team)**
Lernniveau	Mittel- und Oberstufe
Sprache	Zweifel ausdrücken

Abfolgen nennen: *first, then, afterwards, following that, next, after that, having done that, finally ...*
Kontraste darstellen
Zustimmung und Ablehnung artikulieren

Vorbereitung

Unterrichtliches Ziel ist die Durchführung einer formalen Debatte über ein kontroverses Thema, über das am Anfang und zum Ende abgestimmt wird. Sie wird im Wesentlichen durch die Filmausschnitte initiiert und angeleitet. Zusätzliche Vorbereitungsmaßnahmen sind möglich. So können S weiteres Informationsmaterial aus anderen Quellen und Medien sammeln, sichten und auswerten, Positionspapiere können erstellt werden, Rollen und Standpunkte verabredet werden.
Zusammen mit L wird eine *proposition* formuliert, z.B. *Only vegetarian food is good and healthy food.* In zwei Gruppen bereiten die S Argumente für oder gegen diese These vor. Nach Abschluss der Sammel- und Gliederungsphase wählen die Gruppen je einen Vortragenden – *proposer* – und eine Person zu seiner Unterstützung – *seconder* –, die in vorbereiteten Reden die Positionen ihrer Gruppe vortragen. Auf den ersten Befürworter folgt der widersprechende Gegner, dann sprechen der zweite unterstützende Befürworter und dessen Gegenspieler. Danach ist die Diskussion offen für alle Beteiligten, die sich in geplanten, aber auch spontanen Beiträgen einbringen können. Sie haben die Möglichkeit, auf ihre Vorredner Bezug zu nehmen und konkrete Beispiele einzubringen.

Varianten

„Mann über Bord" ist als Partyspiel und Witzformat bekannt. Ein Transatlantikflug gerät wegen Treibstoffmangels in Gefahr. Ballast muss abgeworfen werden, damit das Ziel auf der anderen Seite des Meeres erreicht werden kann. Nachdem alle überflüssigen Objekte bereits abgeworfen sind, werden unter den mitfliegenden Passagieren „Freiwillige" gesucht, die zum Opfergang bereit sind und sich in die See stürzen wollen. Auf Rollenkarten gibt der L den S eine Reihe von Personen zur Auswahl, eine davon sollen sie im Rollenspiel verkörpern. Als dieser Passagier argumentieren sie nun, warum ausgerechnet sie *nicht* unter den Springern sein sollten. Die Spieler müssen überzeugende Argumente für ihren Verbleib an Bord finden. Der L als Pilot oder die Klasse beurteilt am Ende die Überzeugungskraft der Argumente und ernennt den letzten Überlebenden zum Gewinner.

Ähnliche Rahmenbedingungen – nicht genug Raum und keine ausreichenden Nahrungsmittel – finden sich auch im Inselspiel. Spielformate des Fernsehens (*Big Brother* u.ä.) erfordern die Nominierung von Mitspielern und damit potentiellen Gegnern, die durch überzeugende Argumente aus dem Spiel eliminiert werden müssen.
Um der Diskussion jede Schärfe zu nehmen und um das spielerische Element zu betonen, sollten auch lustige und abstruse Begründungen möglich sein.

Projekte und Aktivitäten

 Debattenbeiträge werden schriftlich formuliert und als Internetbeitrag, Aufsatzsammlung oder Projektzeitung für Eltern und Mitschüler veröffentlicht.

Textbeiträge werden mit Bildern, Zeichnungen, Graphiken usw. versehen und für die Schulöffentlichkeit ausgestellt.

Beiträge werden aufgenommen und in einem Videoband zusammengeschnitten.

Zum gleichen oder einem anderen Thema wird in der Tradition britischer Schulen eine *formal debate* gegen eine Parallelklasse durchgeführt.

Activity 3 **Grammatik** *You can almost see the grammar*

Obwohl Grammatik sicherlich nicht zu den Lieblingsbeschäftigungen unserer S gehört, lässt sich mit dem Medium Video ein Quäntchen mehr an Attraktivität und eine deutlich höhere Aufmerksamkeitsspanne erzielen.

Es sind die visuellen Elemente des Videos, die den grammatikalischen Gehalt einer Szene oder Sequenz plausibel machen können. Grammatik ist schließlich nur eine Form der Schematisierung von Wirklichkeit. Bilder geben durch ihre geballte Überzeugungskraft prägnantere Einsichten in Handlungen, Sachverhalte und zwischenmenschliche Beziehungen als Texte dies leisten können. Nirgendwo trifft das mehr zu als bei der Filmkomödie.

Filmkomödie

- Die S sehen einen Videoausschnitt.
- Sie bekommen eine Liste, auf der verschiedene Aktionen dieser Sequenz in nicht chronologischer Abfolge aufgeführt sind. Die Sätze stehen im Präsens. Dazu erhalten sie einen Überblick über Begriffe der Abfolge *(first, then, afterwards ...)*
- In Partnerarbeit versuchen die S zunächst, die richtige Reihenfolge der Ereignisse wieder herzustellen. Dabei formulieren sie jeden Satz in die Form des *simple past* um.
- Sie verbinden ihre neuen Sätze mit den Wörtern der Abfolge zu einem ganzen Text.

WS 2 *Pick up the pieces* **(Clockwise)**

Lernniveau ab drittem Lernjahr

Sprache	Konditionalsätze
	wichtige Grammatikstrukturen

Clockwise **in der Regie von Christopher Morahan**

Varianten   Bilder eines Filmes können dazu dienen, eine bestimmte grammatikalische Struktur, in diesem Fall das ungeliebte *conditional*, zum Leben zu erwecken.

Dazu ziehen wir uns die Schuhe des Protagonisten an und nehmen seinen Platz, seine Rolle ein. In dem Film **Who Framed Roger Rabbit** sehen wir ab der Eröffnungsszene, wie Roger einen Film dreht. Die Handlung kann durch L oder einen S immer dann, wenn dem Hasen ein neues Unheil droht, mithilfe der Pausentaste zu einem Standbild eingefroren werden. Roger wünscht sich so mancherlei, um schrecklichen Situationen zu entfliehen.

Die S erhalten auf halb- oder ganzseitigem Papier 10 Gedankenblasen, die alle mit *I wish* ... oder *I wished* ... beschriftet sind. Sie ergänzen sie je nach Situation mit Rogers Gedanken. Dabei üben sie fröhlich Konditionalsätze.

Was es auf dem Monitor zu beobachten gibt, kann von den S in eigenen Worten frei formuliert werden. Um grammatikalische Strukturen zu üben, kann L Schüleräußerungen aber auch gezielt kontrollieren.
Bei WS **All Quiet on the Western Front** (2:00:00) geschieht dies, indem die S zu Inhalten des Filmausschnittes nur Halbsätze bekommen. Die Ergänzung der anderen Hälfte übt jeweils eine grammatikalische Schlüsselstruktur.

WS 3   *Now it makes sense*   **(All Quiet on the Western Front)**

Projekte und Aktiviäten

🎞️ S bekommen einen Film oder Filmausschnitt gezeigt und werden aufgefordert, im Textteil möglichst viele verschiedene Beispiele grammatikalischer Strukturen zu finden.

🎞️ S sehen einen Filmausschnitt und beschreiben den Inhalt. Sie verwenden möglichst viele unterschiedliche grammatikalische Strukturen, die sie in den letzten beiden Schuljahren behandelt haben. Das Lehrwerk oder ein Grammatikbeiheft dürfen eingesehen werden.

🎞️ Ein Film wird bei einer Schlüsselszene gestoppt. S erhalten eine Liste mit wichtigen grammatikalischen Strukturen. Wie viele relevante Sätze und Aussagen über die Szene lassen sich mit ihnen bilden?

Activity 4   *Rollenspiele*   ***Wishing you were there***

S sind seit ihrer frühesten Kindheit mit Rollenspielen vertraut. Im Unterricht finden sie für Perspektivewechsel und Transfers Verwendung, beim Fremdsprachenerwerb unterstützen sie das Erlernen und Einüben situativ gebundener Sprechanlässe.

In der letzten Zeit hat sich eine neue Form des Rollenspiels entwickelt, das seine Ursprünge in der Fantasy Literatur hat, die seit den siebziger Jahren zunehmend an Popularität gewinnt. Sie nahm mit John Tolkiens erfolgreichen *The Hobbit* und *Lord of the Rings* ihren Anfang, Stephen King dürfte heute die Bestsellerliste im Fantasybereich anführen.

Der überwiegend jugendliche Leserstamm organisiert sich nicht nur in Clubs, Fangruppen und in den *chat rooms* des Internet, sondern veranstaltet auch Rollenspielpartys.

Verschiedene einschlägige Printmaterialien wie Handbücher, Spielanleitungen, Poster, Fotos, Rollenkarten usw. stehen für Anregungen und Vorgaben eines solchen Spiels zur Verfügung. Sie beschreiben für die Teilnehmer jeweils eine ganze Welt, entwerfen ein neues Universum in seinen Facetten, führen mit Bildern und Texten in eine ungewohnte Menschen-, Tier- und Fabelwelt ein. Beliebte Handlungsorte sind das Weltall der Zukunft mit Astronauten und Außerirdischen, die Zeit des Mittelalters mit Rittern und Burgfräulein oder naturmystische Fantasy-Welten mit Elfen und Trollen.

Durch Würfeleinsatz erspielen sich die Teilnehmer eine Figur, deren Eigenschaften auf einer Charakterkarte notiert werden. Durch Glück oder Pech im Spiel wird die Figur immer mehr geformt und entwickelt so etwas wie ein Eigenleben.

Ein Meister, der Spielleiter, stellt Aufgaben, die von den Mitspielern gemäß ihren vorgegebenen Eigenschaften gelöst werden müssen.

Solche Spiele können sich über mehrere Tage erstrecken.

In Video- und Computerspielen werden Kindern und Jugendlichen Figuren zur Auswahl angeboten, die innerhalb des Spiels bestimmte Rollen ausfüllen und spezifische Aufgaben übernehmen müssen. Werden Computer und Spielkonsolen vernetzt, nehmen die Spieler miteinander Kontakt auf, sie interagieren oder treten zueinander in Konkurrenz. Bei Netzwerkparties, die zu Dauerveranstaltungen werden können, identifizieren sich die Teilnehmer mit ihren Rollen. Sie benutzen dann zwar Alias-Namen, versehen aber ihre Lieblingsspieler mit dem eigenen Konterfei. Grundsätzlich benutzen sie die erste Person Singular und sprechen über sich selbst, wenn sie die Spielfigur meinen. Ein Satz wie „Ich bin jetzt tot und habe noch zwei Leben" kann dabei nur den Uneingeweihten erstaunen.

Videos können ganz ähnliche Faszinationen bieten und im Fremdsprachenunterricht sinnvolle Rollenspiele vorbereiten und initiieren.

- L weist einzelnen Schülergruppen jeweils einen Charakter aus einem Film zu, aus dessen Sicht sie später berichten sollen. Nur die einzelne Gruppe weiß, wer ihr zugeteilt ist, und behält ihr Geheimnis für sich.
- L zeigt der Klasse den Videoausschnitt der Spielfilmsequenz.
- Die Gruppen schreiben in Stichworten aus der Sicht ihrer Person auf, was sich im Videoausschnitt ereignet hat.
- Ein gewählter Gruppensprecher trägt der Klasse die Ergebnisse der Gruppe vor.
  Die Klasse befragt die Berichterstatter. Ihr Ziel ist es zu erraten, aus wessen Sicht der Filmausschnitt erzählt wird.
  Eine für dieses Spiel sehr gut geeignete Szene findet sich beispielsweise bei *Cal* (1:30:00), in der Cal's IRA-Gruppe an der Straßensperre verhaftet wird.
- Eine Befragung lässt sich im Anschluss an diesen Ausschnitt durchführen, wenn das Rollenspiel die Form eines Tribunals annimmt. L weist den S ihre Rollen zu, die sie entsprechend den inhaltlichen Vorgaben des Filmausschnittes ausfüllen. Ein unparteiischer Richter befragt alle Beteiligten nach ihren Handlungen und ihrer Verantwortung.
- Das Gericht, das aus mehreren S besteht, lädt Soldaten und Zivilisten vor, Anwälte greifen in die Verhandlung ein, Gutachter können gehört werden. Am Schluss ergehen Urteile.

Lernniveau	Oberstufe
Sprache	Erzählzeiten der Vergangenheit
	Beschreiben: Menschen, Kleidung, Verhaltensweisen
	Körpersprache: Bewegung, Gestik, Mimik

Fragestrukturen
angehängte Kurzfragen zur Überprüfung des bereits Gesagten
Betonung und angehängte Kurzfrage: *You did see him, didn't you?*

Vorbereitung

Die Vorbereitung von Rollenspielen hängt stark vom Engagement und der Spielbereitschaft der Klasse ab. Ziel ist es, einen natürlichen Sprach- und Kommunikationsfluss herzustellen, deshalb ist zunächst alles an Schüleräußerungen erwünscht und inhaltlich per se richtig. Die Intervention des L sollte äußerst gering sein, Hilfe wird nur bei stockendem Redefluss gegeben, es sollte ein hohes Maß an Fehlertoleranz vorhanden sein.

Rollenspiele funktionieren immer dann gut, wenn Konfrontationspotential in den Rollen angelegt ist (Polizist und Krimineller, Eltern und Kinder) und wenn die S eine klare Vorstellung davon haben, was und wen sie verkörpern sollen und welche Ziele vereinbart sind.

Nachdem das Spiel erklärt und abgesprochen ist, sollte gleich mit der Durchführung begonnen werden, sodass seine intrinsische Motivation voll genutzt wird. Die Arbeit mit Strukturen und Wortschatz sollte an dieser Stelle bereits abgeschlossen sein.

Kinder sind natürliche Schauspieler – wie alle Eltern und Lehrer nur zu gut wissen. Die Rolle, die ihnen jedoch am wenigsten liegt, ist, sich selbst zu spielen.

Varianten

Einige S werden besser informiert als andere, da der L ihnen anhand von Rollenkarten weiterreichende Informationen beispielsweise über Personen, deren Entwicklungen und Beziehungen zu anderen, Ereignisse vor dem gezeigten Ausschnitt oder Entwicklungen danach zur Verfügung stellt. Dadurch ergibt sich, dass einige der Spieler aufgrund von Unwissenheit ihre Rolle teilweise selbst ausfüllen müssen, also gezwungen sind, spontan zu reagieren, während andere an ihre Vorgaben gebunden sind.

Im Rahmen der Lektüre einer Ganzschrift oder generell zur intensiveren Auseinandersetzung mit Personenentwicklungen bietet sich für einen mehr als einstündigen Unterricht folgende etwas aufwendigere, aber nachhaltige Variante an:

L sucht aus einem Film eine Reihe von 6 bis 10 kurzen Ausschnitten, in denen die Veränderungen einer Person oder mehrerer deutlich werden. Diese Sequenzen schneidet er auf ein Videoband hintereinander (um das zeitraubende Vor- und Zurückspulen in der Klasse zu vermeiden). Wichtig dabei ist, auf dem Abspielgerät schon vorher die Zählerstellung der einzelnen Ausschnitte zu notieren.

Die Klasse wird dann in Arbeitsgruppen aus ca. 4–6 S eingeteilt und verlässt kurz den Raum. Jeweils eine Gruppe wird zurück ins Zimmer gerufen. Ihr wird aus der Gesamtmenge der Ausschnitte aber nur die Hälfte gezeigt. Die Auswahl und Abfolge der Filmausschnitte kann ausgelost werden oder nach einem sonstigen Zufallsprinzip erfolgen.

Ganz im Sinne einer *information gap exercise* haben die Gruppen jetzt verschiedene Informationen und subjektive Eindrücke. Sie verständigen sich zunächst innerhalb ihrer Teams über die wesentlichen Aspekte ihrer Figur(en), die sie dann im Rollenspiel den anderen S zu vermitteln suchen.

Danach arbeiten die Gruppen miteinander, um die Reihenfolge der Szenen herauszufinden und den Fortlauf der Entwicklungen und Veränderungen festzustellen. Dafür eignen sich beispielsweise sehr gut Szenen aus **Lord of the Flies** (in der Harry Hook-Verfilmumg von 1990), die die Person des Piggy beschreiben:

09:30	Piggy und die Muschel
13:00	Die anderen Kinder verspotten Piggy zum ersten Mal
16:00	Piggy beschwert sich, da die Jungs zu spät zur Feuerwache erscheinen
51:30	Piggys Brille bricht
1:03:00	Piggy und Ralph diskutieren den Tod des Jungen am Lagerfeuer
1:08:30	Der Diebstahl von Piggys Brille
1:13:00	Piggys letzte Rede vor seinem Tod kann für den Schluss aufgehoben werden, wenn die S Einzelinformationen zusammengetragen haben und darüber reden, was am Ende geschehen wird.

Activity 5 **Lyrische Versuche**
The sound of one hand waving, drowning

Viele L nutzen das große Potential, das Lieder, Reime und Gedichte für den Fremdsprachenunterricht beinhalten. Dies gilt zunächst einmal für den Anfangsunterricht mit jüngeren S in der Vorschule, Grundschule und Orientierungsstufe, die bei *rhymes, action songs* und *raps* mit viel Spaß und hoher Motivation Sprache und Körpereinsatz verbinden.
Mehr als bei anderen Texten ergibt sich bei allen Formen der Lyrik die Gelegenheit, Intonation, Betonung, Vokal- und Silbenlängen, also den Rhythmus einzuschleifen – alles besonders wichtige Aspekte für die Beherrschung der englischen Sprache und ihrer spezifischen Musikalität.

Dabei eingeübte Techniken und Verfahrensweisen bewähren sich auch auf höherem Lernerniveau. Einmal auswendig gelernt, bleiben Lieder und Gedichte lange im Gedächtnis der S haften. Selbst sonst eher problematische grammatikalische Strukturen und ungewohntes Vokabular werden *en passant* mitgelernt.

Als authentische Texte bieten sie den S eine wichtige Chance für interkulturelles Lernen, beinhalten sie doch landeskundliche Innenansichten des Zielsprachenlandes und seiner Kultur. Bei einer auf Sprachhandlung abzielenden Rezeption von Lyrik und besonders in einer durch das Modell angeleiteten Produktionsphase vergleichen die S die Idee des Originals mit Lebenserfahrungen im eigenen Land, stellen sich so als Mittler zwischen die Kulturen und versuchen beide zu begreifen.

Ein Film kann gleich auf mehrere Arten zu Versuchen lyrischen Gestaltens einladen.

Nicht nur erzählende Texte und Dialoge, besonders auch Geräusche und Musik vermitteln Atmosphäre und Stimmungen, die Anlass geben können zu lyrischen Versuchen.

Eine schöne Möglichkeit, über Videos poetische Versuche einzuleiten, bietet die Tonspur. Die S können in einer Reihe von Sätzen ihre Eindrücke beschreiben, die sie den Tönen, nicht aber dem gesprochenen Text einer Filmsequenz entnehmen. So entsteht ein *aural poem*.

Der Wert dieser Übung liegt in der Ermutigung für die S, einmal innezuhalten, sich zu besinnen, sich auf eine Szene einzulassen und ihre poetischen Qualitäten zu erspüren. Obwohl an dieser Stelle das sprachliche Verständnis kein erklärtes Ziel der Übung ist, konzentrieren sich S erfahrungsgemäß doch auch auf Text und Inhalt.

Ein schönes Beispiel für die Bedeutung der Tonspur bietet die Eröffnungsszene von *E.T.*

WS 4	*Hear me, touch me, feel me (E.T.)*

- Die S erhalten vom L das Format eines Haikus (japanisch *haikai*: Posse), einer lyrischen Kurzform der japanischen Dichtung aus drei reimlosen Zeilen mit fünf, sieben und fünf Silben, die trotz äußerster Knappheit einen komplexen Gegenstand typisch und treffend mit einer heiteren Pointe erfasst.
- Sie schreiben nach der Anleitung durch das Modell und angeregt durch Inhalt und Form einer Videosequenz ein eigenes Gedicht.

Lernniveau	Mittel- und Oberstufe
Sprache	Vokabeln des Beschreibens Adverbien der Abfolge Zeiten: *simple* und *progressive past/present*
Vorbereitung	Wegen des sensiblen Unterrichtsgegenstandes ist eine motivierende Arbeitsatmosphäre besonders wichtig. Durch die geschickte Auswahl einer inspirierenden Sequenz wird das

Lernumfeld positiv beeinflusst.

Zur Einstimmung und zur Vorbereitung von Partner- und Kleingruppenarbeit können L und S emotional besonders ansprechende Szenen gerade gängiger Spielfilme Revue passieren lassen, sich anrührender Momente erinnern und sie beschreiben.

In einem noch geschützten Umfeld und mit der moralischen und fachlichen Unterstützung durch L und Klassenkameraden können die S bei der Versprachlichung ihrer akustischen Beobachtungen poetische Versuche wagen.

L wird erfahrungsgemäß die meiste Zeit für Vokabelhilfen gebraucht. Wegen des sprachlichen Übungseffekts sollte L die S ermutigen, das gewünschte Wort auf Englisch zu beschreiben. Zweisprachige Wörterbücher sind genauso hilfreich wie Vokabellisten zum Stoff.

Varianten

Set-Designer

[▣▢] Anstelle eines Haikus, der sich auf Töne und Geräusche bezieht, können die S in einzelnen Sätzen auf die Bildsprache des Films reagieren. Viele Eröffnungsszenen von Spielfilmen eignen sich für eine solche Übung, da ihnen oft die besondere Beachtung von Regisseur, Set-Designer und Kameramann zukommt. Als Beispiel mag der Anfang von **Forrest Gump** dienen und noch einmal der bereits angesprochene von **E.T.**

[▣▢] Anstelle eines ganzen lyrischen Versuchs notieren die S nach dem Anhören der Szenen nur die einzelnen Töne, Geräusche und Dialogfetzen, die ihnen in Erinnerung geblieben sind. Ihre *mish-mash*-Notizen zeigen sie ihren Klassenkameraden und vergleichen sie.

[▣▢] Wie die vorige Übung: Jetzt haben allerdings verschiedene S die Aufgabe, auf verschiedene Geräuschquellen oder Geräuscharten zu achten. Auch sie notieren ihre Beobachtungen und vergleichen sie.

[▣▢] Wie vorher: Die Klasse achtet arbeitsanteilig auf Wortgruppen im Dialog (Nomen, Verben, Adjektive). Aus den Mitgliedern eines jeden Arbeitsbereiches werden Dreierteams gebildet. Diese versuchen, den Dialog ganz oder zum größten Teil zu rekonstruieren.

[▣▢] Die S hören die Töne einer Szene und überlegen, woher sie rühren könnten. Ein schönes Beispiel findet sich bei **E.T.** (28:00). Der Junge zeigt ET seine Spielsachen und das Aquarium. Der Hund bellt ET an, während der Junge zum Kühlschrank geht, um etwas zu essen zu holen. ET öffnet den Regenschirm und erschreckt den Jungen, der daraufhin die Milch verschüttet.

Projekte und Aktivitäten

[▬▬] S erarbeiten in Gruppen und unter Zuhilfenahme von Schul- und Wörterbuch Wortfelder, die sie zur Beschreibung von filmtypischen Szenen vermutlich brauchen können (z.B.: *the beach, a castle, in the mountains, a cave, a street scene, the cafeteria, the playground*).

In einer Aussprache- und Phonetikübung gibt der L den S die einzeilige Beschreibung einer Szene, die die S mit einer eigenen, sich reimenden Zeile ergänzen.

WS 5   *Reason to Rhyme (**E.T.**)*

Hinweise zu den Worksheets

WS 1 A/B   **We can work it out**

Film   ***The Dream Team*** (08:00)

Beginn der Handlung   Der Arzt betritt den Raum, in dem die Patienten warten.

Unterrichtsziel   Als Diskussionsgrundlage für eine Debatte über Psychiatrie und Geisteskrankheiten erhalten die S einen humorvollen Videoausschnitt. Dialogauszüge sollen in logischen Kontexten interpretiert werden.

Ablauf   Lassen Sie die S den Satz *Insanity is ...* nach ihren eigenen Ideen vervollständigen. Sagen Sie ihnen, Sie würden später noch einmal darauf zurückkommen.
Stellen Sie die fünf Personen vor, die auf dem WS beschrieben sind. Lassen Sie die S in Partnerteams die nachfolgenden 14 Sätze daraufhin untersuchen, wer welche Aussage machen könnte und worauf die sich wohl beziehen mag. Teilen Sie WS 1b mit den näheren Erläuterungen zu den Sätzen noch nicht aus.
Lassen Sie die S eigene Ideen und Vorstellungen zu den *statements* zusammentragen. Geben Sie ihnen dann das zweite Arbeitsblatt mit der Aufforderung, die entsprechenden Aussagen den dazu passenden Situationen zuordnen.
Zeigen Sie das Video und lassen Sie die S anhand des Ausschnitts ihre Antworten überprüfen.

Wenn genügend Zeit zur Verfügung steht, kann das Video zunächst ohne Ton gezeigt werden. Die S haben dann Gelegenheit, aufgrund der nonverbalen Eindrücke ihre Entscheidungen noch einmal zu überdenken und eventuell vor dem Abspielen mit Ton zu revidieren.

Gehen Sie mit den S die Lösungsvorschläge durch.
Machen Sie neurotisches Verhalten zu einem Thema, fragen Sie Ihre S,

wie normal ihnen die Patienten vorkommen.

Lassen Sie die Klasse ihre Definitionen von Geisteskrankheit *(insanity)* vorlesen.

Werten Sie die Anregungen am Ende als Grundlage für eine Debatte aus.

Lösung			
A 12	F 13	K 4
B 7	G 2	L 8, 10, 11
C 3	H 6	M 8, 10, 11
D 14	I 9	N 5
E 1	J 8, 10, 11	

WS 2 Pick up the pieces

Film

Clockwise (35:30)

Beginn der Handlung

Ein Fahrzeug hält vor drei Telefonzellen.

Unterrichtsziel

Die *Activity* gibt den S die Möglichkeit, die genaue Beschreibung eines Handlungsablaufes unter Zuhilfenahme von *first, then, afterwards ...* anzufertigen. Dazu erhalten sie alle Komponenten, die für die Ausgestaltung notwendig sind. Ihre Aufgabe besteht zunächst lediglich darin, sie in der richtigen Reihenfolge zusammenzusetzen.

Es ist allein schon schwierig genug, sich die Abfolge der einzelnen Handlungsschritte zu merken; zusätzliche linguistische Überlegungen zwingen die S dazu, mehrfach die Textteile durchzuarbeiten, vor allem, wenn während der Lösung Partner getauscht werden.

Ablauf

Notieren Sie mit Ihren S die einzelnen Schritte, die notwendig sind, um ein Telefongespräch von einer öffentlichen Zelle zu führen. Lassen Sie Vokabular und Redemittel sammeln, sichern Sie die Ergebnisse für die folgende *Activity* im Tafelanschrieb oder auf Folie.

Sagen Sie der Klasse, dass sie jetzt einen Videoausschnitt sehen wird, in dem die Benutzung eines öffentlichen Telefons in England erklärt wird.

Zeigen Sie das Band. Nachdem Ihre S fertig gelacht und ihre Contenance wiedergefunden haben, verteilen Sie das WS und fordern auf, in Partnerarbeit die richtige Reihenfolge der Handlungsteile zu rekonstruieren und die Verben ins *simple past* zu übertragen.

Um nonverbale Verfahren bei der Lösung der Aufgabe zu vermeiden, lassen Sie die S weit auseinander oder Rücken an Rücken sitzen.

Zeigen Sie das Video noch einmal, ohne dass die S das WS dabei unmittelbar vor Augen haben.

Veranlassen Sie einen Tausch der Partner, wiederholen Sie die *Activity*, diesmal unter Einsatz von *first, then, afterwards ....*

TIPP

Sie können die Übung mit jeweils anderen Partnern mehrfach wiederholen, wenn sie rein mündlich bleibt. Sie erreichen dann eine Verstärkung des Übungseffekts. Versuchen Sie es auch mit größeren Gruppen, falls leistungsstarke S viel schneller als andere zu Lösungen kommen. Dadurch kann die Einübung der Formulierung zeitlicher Abfolgen intensiviert werden.

Lesen Sie Ihren S die richtige Reihenfolge vor oder zeigen Sie sie auf Folie.

Lösung

HE GOES BACK AND ASKS THE GIRL FOR SOME MONEY.
He went back and asked the girl for some money.

THE PHONE BOX IS OCCUPIED.
The phone box was occupied.

HE APOLOGISES.
He apologised.

HE SHAKES THE PHONE.
He shook the phone.

THE PHONE WON'T TAKE HIS MONEY.
The phone wouldn't take his money.

HE KICKS THE PHONE BOX.
He kicked the phone box.

AN OLD WOMAN SEES THE MAN.
An old woman saw the man.

HE TRIES THE SAME PHONE AGAIN.
He tried the same phone again.

HE CAN'T GET THE COIN OUT OF THE SLOT.
He couldn't/wasn't able to get the coin out of the slot.

A MAN VACATES A PHONE BOX.
A man vacated a phone box.

THE PHONE TAKES THE MONEY BUT THE WOMAN CAN'T HEAR HIM.
The phone took the money but the woman couldn't hear him.

HE KICKS THE PHONE BOX AND BREAKS THE PHONE.
He kicked the phone box and broke the phone.

A WOMAN ASKS THE MAN HOW OLD HE IS.
A woman asked the man how old he was.

WS 3	## Now it makes sense
Film	***All Quiet on the Western Front*** (2:00:00)
Beginn der Handlung	Ganz am Ende des Films sieht Paul nach seinen Kameraden im Schützengraben: Dabei entdeckt er einen Vogel.
Unterrichtsziel	Die Grammatikrevision, bei der Halbsätze auf dem WS mit Bildern und Szenen aus einem Film in Übereinstimmung gebracht werden sollen, wird durch die Mehrkanaligkeit der Aufgabe belebt.
Ablauf	Geben Sie der Klasse das WS und gehen Sie mit ihnen die Arbeitsanweisungen durch. Zeigen Sie den Videoausschnitt, teilen Sie den S Partner zu. Überprüfen und, wo nötig, korrigieren Sie die Lösungen.
Lösungsvorschläge	Weitere sprachlich wie inhaltlich korrekte Antworten sind möglich.

1 *HE RAISED HIS HEAD in order to see the bird more clearly.*
2 *IF HE HADN'T RAISED HIS HEAD TO SEE THE BIRD MORE CLEARLY he wouldn't have been shot.*
3 *HE WAS DISTRACTED BY THE BIRD BECAUSE it was so unusual to hear a bird singing there.*
4 *HE MUST HAVE forgotten his training.*
5 *HE WASN'T USED to seeing birds at the front.*
6 *HE SHOULD have kept his head down.*
7 *THE BIRD MADE HIM HAPPY despite the terrible surroundings.*
8 *HE MIGHT HAVE been thinking about when he was young.*
9 *HE WAS SHOT by a sniper.*
10 *HE USED to draw in class when he was a student.*
11 *IT WAS A TRAGIC WAY TO DIE even though it was a quick death.*

WS 4	## Hear me, touch me, feel me
Film	***E.T.*** (00:00)
Beginn der Handlung	Filmanfang
Unterrichtsziel	Die S erweitern ihr Vokabular. Dabei werden sie ermutigt, eigene Texte zu entwerfen und zu produzieren, Beschreibungen anzufertigen, Informationen auszutauschen und Absichten zu formulieren.

Ablauf   Zeigen Sie den S die Textauszüge des WS (am besten als Folienkopie auf dem Tageslichtprojektor), damit sie die Arbeitsanweisungen zu diesem Zeitpunkt noch nicht kennen.

Lassen Sie ihnen Zeit, sich mit dem Vokabular vertraut zu machen, da Sie die Wörter nicht erklären werden. Die S dürfen miteinander über die Bedeutung der neuen Lexik diskutieren, sie werden versuchen, die jeweiligen Kontexte zur Erschließung heranzuziehen *(inferring)*.

Spielen Sie den Videoausschnitt vor, lassen Sie die S die Bedeutung der Wörter in Englisch erklären, akzeptieren Sie im Notfall auch eine Übersetzung in die Muttersprache.

Spielen Sie das Video noch einmal ab, damit die Klasse die Töne identifizieren und versprachlichen kann. Lassen Sie bei einem weiteren Durchlauf die Bilder beschreiben, dies geht auch bei abgedrehtem Ton und/ oder mit Standbildern.

Geben Sie den S anteilig die Aufgabe, eine Beschreibung der Töne oder der Bilder anzufertigen.

Fragen Sie, was die S über den Klassiker von 1982, E.T., wissen. Erkundigen Sie sich nach Erfahrungen mit weiteren Steven Spielberg-Filmen. Was sind die Lieblingsfilme, welche sind am besten bekannt?

Als Zwölfjähriger drehte Spielberg bereits seinen ersten Amateurfilm, im Alter von nur 13 Jahren inszenierte er den 40-minütigen Film **Escape to Nowhere** (1961). Seine Filme im Überblick:

JAHR	ORIGINALTITEL	DEUTSCHER TITEL
1971	*Duel*	Duell
1974	*The Sugarland Express*	Sugarland Express
1974	*Jaws*	Der weiße Hai
1977	*Close Encounters of the Third Kind*	Unheimliche Begegnung der dritten Art
1979	*1941*	1941 – wo bitte geht's nach Hollywood?
1980	*Raiders of the Lost Ark*	Jäger des verlorenen Schatzes
1982	*E.T. the Extra-Terrestrial*	E.T. – Der Außerirdische
1983	*Indiana Jones and the Temple of Doom*	Indiana Jones und der Tempel des Todes
1986	*The Color Purple*	Die Farbe Lila
1987	*Empire of the Sun*	Das Reich der Sonne
1988	*Indiana Jones and the Last Crusade*	Indiana Jones und der letzte Kreuzzug

1991	*Hook*	Hook
1993	*Schindler's List*	Schindlers Liste
1993	*Jurassic Park*	Jurassic Park
1997	*Lost World: Jurassic Park*	Vergessene Welt: Jurassic Park
1997	*Amistad*	Amistad
1998	*Saving Private Ryan*	Der Soldat James Ryan

Lassen Sie die S ihre eigene Liste von Geräuschen und Tönen für die Eröffnung eines Films erfinden. Geben Sie, wenn nötig, Vokabelauskünfte und halten Sie einige zweisprachige Wörterbücher bereit.
In einer Teamarbeitsphase tauschen die S ihre Ergebnisse aus und schreiben auf die Liste des Partners die dazu passenden Bilder.
Am Ende vergleichen sie ihre jeweiligen Ergebnisse, wählen die besten aus und entwickeln die Schlussversion.

Als Transferaufgabe bietet es sich an, das Szenario eines eigenen Horrorstreifens zu entwickeln und zu präsentieren. Dazu können die S auch Töne aufnehmen oder von Tonträgern kopieren sowie die Vorstufe eines Drehbuchs, ein Treatment mit Bildstreifen, entwickeln.

WS 5   **Reason to rhyme**

Film   *E.T.* (1:35:00)

Beginn der Handlung   Beginn der Handlung: Die beiden Brüder erreichen in einem weißen Lieferwagen den Park und treffen drei Freunde auf Fahrrädern.

Unterrichtsziel   Ausspracheübung wird mit kreativem Schreibanlass gepaart. Dabei wählen die S ihr Vokabular sorgfältig, bilden Sätze – eine Aufgabe, die präzises Arbeiten erforderlich macht.

Ablauf   Gegebenenfalls reaktiviert L die phonetischen Vorkenntnisse der S, indem ihnen eine Liste mit den Zeichen der Lautschrift verfügbar gemacht wird. Es kann sinnvoll sein, das Problem der Diskrepanz zwischen Aussprache und Schreibung zu thematisieren.
Geben Sie den S das WS und lassen Sie Beispiele für Reimwörter suchen, die zum letzten Wort einer jeden Zeile passen.
Die S sollen das Gedicht vervollständigen, indem sie entweder die fehlende Handlung einfügen oder die vorangegangene Zeile spezifizieren bzw. kommentieren. Zeigen Sie den Filmausschnitt und lassen Sie die S allein oder in Partnerarbeit an dem Gedicht arbeiten.

Für weniger einfallsreiche oder sprachlich weniger fortgeschrittene Gruppen lässt sich die folgende Liste als Unterstützung anbieten:

E.T. came out of the van glowing red,
HEAD   BED   TREAD   SAID   DEAD

The police found the van but no one was there,
HAIR   SCARE   WHERE   PAIR   AIR

The police followed them on the roads, the boys anywhere they could,
GOOD   SHOULD   WOOD   WOULD   HOOD

When they thought they'd escaped they were almost caught,
THOUGHT   OUGHT   FAULT   TAUGHT   SORT

The police blocked the road but the bikes flew over the cars,
STARS   MARS   GRASS   FARCE   PAST

They flew on towards the setting sun,
COME   FUN   RUN   DONE   ONE

The spaceship landed, for E.T. it was home,
OWN   ALONE   PHONE   STONE   MOAN

The children all had to say goodbye
CRY   FLY   SIGH   LIE   DIE

Die S stellen ihre Ergebnisse vor und vergleichen sie.

We can work it out

WS 1A

- *Complete this sentence:* Insanity is … _____

_____

In this scene there are five characters:
① *a psychiatrist who believes in modern, progressive, unorthodox methods*
② *a rebellious patient who reacts violently in most stressful situations, and lies constantly*
③ *a patient who refuses to talk*
④ *a patient who is obsessed with order, cleanliness and the disciplining of the other patients*
⑤ *a patient who is obsessed by religion.*

- *Which one of them do you think says each of the following?*
- *Who do you think they are speaking to or referring to?*

1. ◯ … these chairs are innocent …

2. ◯ … trying to accept reality as it is and not make it up as you go along …

3. ◯ … do I sense some hostility here …

4. ◯ … I had a corner-office, they crucified me …

5. ◯ … a complete report of all infractions of hospital rules …

6. ◯ … we're a team …

7. ◯ … focusing on other people's problems is really just a way of avoiding your own …

8. ◯ … I don't want you to think about it …

9. ◯ … I don't want to talk about that …

10. ◯ … it's not your responsibility …

11. ◯ … chaos is OK …

12. ◯ … chaos is great …

13. ◯ … give each other a little hug …

14. ◯ … to bring Jesus Christ back into the advertising agency …

We can work it out

● *Match each statement in WS 1 A with the situation below which corresponds to it.*

Statement

A Patient 1 agreeing with the doctor ☐

B The doctor reprimanding patient 3 ☐

C Patient 3 feeling separate from the other patients ☐

D Patient 4 speaking about his past mission in life ☐

E The doctor reacting to a patient's violence ☐

F The doctor ending the meeting ☐

G The doctor reprimanding patient 1 ☐

H The doctor addressing all the patients ☐

I Patient 3 responding to the doctor's questions ☐

J The doctor challenging Patient 3's neurotic behaviour ☐

K Patient 4 remembering his problems ☐

L The doctor challenging Patient 3's neurotic behaviour ☐

M The doctor challenging Patient 3's neurotic behaviour ☐

N Patient 3 pretending he's a doctor ☐

● *Watch the scene and check your answers.*
● *Compare your definition of insanity with that of other students.*
● *What do you think are some reasons why people become insane?*
● *What kind of treatments for insanity do you know about?*
● *To what extent do you think people with psychological problems should be institutionalised?*
● *Apart from "insane", what other words and expressions do you know to describe people with serious psychological problems?*
● *Give some examples of things some people do that you would call "eccentric".*

Pick up the pieces

WS 2

These sentences describe some of the events you have just watched.

An old woman sees the man.
He can't get the coin out of the slot.
He kicks the phone box.
A woman asks the man how old he is.
He kicks the phone box and breaks the phone.
He tries the same phone again.
The phone takes the money but the woman can't hear him.
The phone box is occupied.
A man vacates a phone box.
He apologizes.
He goes back and asks the girl for some money.
He shakes the phone.
The phone won't take his money.

● *With your partner try to work out the correct order in which the events happened. While you are working, convert each sentence into the past form.*
● *Now use the words and phrases below to link the sentences.*

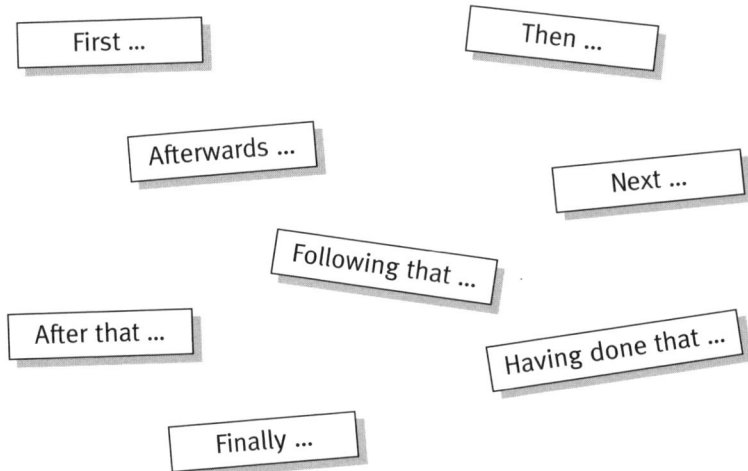

First …

Then …

Afterwards …

Next …

Following that …

After that …

Having done that …

Finally …

Now it makes sense

● *Look at these sentence endings:*

1 ... in order to see the bird more clearly.

2 ... he wouldn't have been shot.

3 ... it was so unusual to hear a bird singing there.

4 ... forgotten his training.

5 ... to seeing birds at the front.

6 ... have kept his head down.

7 ... despite the terrible surroundings.

8 ... been thinking about when he was young.

9 ... by a sniper.

10 ... to draw in class when he was a student.

11 ... even though it was a quick death

In order to complete the sentences you will need to watch a film scene.

● *Before you watch the scene, use your imagination to try to guess the complete sentence.*
● *Each sentence contains a key grammatical structure. See if you can work out which structure.*

Hear me, touch me, feel me

● *Look at this list of events. What do you think could be the context of each event? Don't worry for the moment about the words that you don't understand.*

> The hooting of an owl
> Leaves rustling in the wind
> Frogs croaking
> Twigs crunching underfoot
> Water dripping
> The cawing of crows
> Running footsteps
> Tyres screeching
> Brakes screaming
> Feet splashing through puddles
> Keys jangling

● *Now watch the opening scene from* E.T. *and see if you can understand the meaning of all the words above.*

● *Watch the scene again and make a list describing everything that you see.*

● *Now write a complete description of the scene.*

● *Imagine that you are Steven Spielberg and are planning a new film.*
– *Write down the sounds that can be heard in the opening scene of the film.*
– *Now look at the list of sounds of your partner and write the corresponding descriptions of what can be seen. Your partner will do the same with your list.*
– *Finally, get together with your partner and discuss your results and how they differ from what you had imagined.*

● *You have been asked to prepare the opening scene for the new horror film* **The Thing from Beyond the Whatsit.**
– *Write down the sounds that will be heard in this scene and give your list to your partner to write the matching visual descriptions.*
– *Discuss the results with your partner and decide on any improvements you would like to make.*

Reason to rhyme

WS 5

The following lines describe a scene.
● *Watch the scene, then below each line write your own line which rhymes with the previous line and which describes what happens next or comments on what has happened.*

E.T. came out of the van glowing red,

_____

The police found the van but no one was there,

_____

The police followed them on the roads, the boys anywhere they could,

_____

When they thought they'd escaped they were almost caught,

_____

The police blocked the road but the bikes flew over the cars,

_____

They flew on towards the setting sun,

_____

The spaceship landed, for E.T. it was home,

_____

The children all had to say goodbye.

_____

V Analyse
If X = Z then Y do we need to see this video?

In der neueren Fremdsprachendidaktik erfährt die Schulung der Lerntechniken und Arbeitsfertigkeiten, das sogenannte *skills training*, zunehmend größere Aufmerksamkeit. Erklärtes Ziel ist die Förderung der Sprachhandlungsfähigkeit.

Nicht nur sprachliche Mittel oder landeskundliche „Inhalte" machen die Gegenstände unterrichtlichen Bemühens aus, sondern auch das parallel oder integrativ angelegte Erlernen und Üben von Fertigkeiten. Indem wir diese Lernprozesse bewusst machen, verhelfen wir den S zu mehr Selbständigkeit und Sicherheit und fördern ihre Eigenverantwortung. Was liegt also näher, als auch im Bereich der Medien – und hier ganz besonders bei Fernsehen, Film und Video – ein Angebot zu unterbreiten. Wir holen die S bei einer ihrer liebsten Freizeitbeschäftigungen ab, schärfen ihre Sinne sowie die analytischen und interpretatorischen Fähigkeiten, um sie als aufgeklärtere Konsumenten zu entlassen.

Filme sind in aller Regel Kunstwerke. Ihre Entstehung wird von langer Hand geplant. Ihre Texte werden konzipiert, geschrieben, überarbeitet, erlernt und in Spielhandlungen umgesetzt; Bilder werden entworfen, bearbeitet, geschnitten und nach einer eigenen Dramaturgie wieder zusammengesetzt. Der Einsatz von Technik wie der Gebrauch von Tiefenschärfe, Kameraperspektive und Toneffekten, aber auch Tricks, *special effects* und *stunts* unterstützen die intendierte Wirkung.

Tiefenschärfe
Kameraperspektive
Toneffekte
Tricks
special effects
stunts

Ganz im Gegensatz zum tatsächlichen Leben bleibt also nichts dem Zufall überlassen. Regisseure arrangieren und drehen Szenen so lange neu, bis sie auch mit dem kleinsten Teilaspekt zufrieden sind. Szenenlängen, Sequenzen und Schnittfolgen werden am Schneidetisch wieder und wieder montiert, bis alle Erwartungen der Beteiligten erfüllt sind. Der Zuschauer ist mit den Konventionen des Films vertraut, ohne sie jedoch ständig zu hinterfragen. Wir akzeptieren, dass während der sanften Überblendung zwischen zwei Szenen Jahre verstreichen; ein Transatlantikflug von acht Stunden wird durch ein Flugzeug am Himmel, das Kondensstreifen hinter sich herzieht, gerade mal in fünf Sekunden dargestellt. Wir akzeptieren auch, dass die alltäglichen Dinge des Lebens, die uns regelmäßig Zeit kosten – die Zubereitung einer Mahlzeit, der Gang zur Toilette, die Reinigung eines Küchenfensters –, im Film normalerweise nicht stattfinden, weil ihnen die dramaturgische Bedeutung fehlt.

Überblendung

Filmemacher stellen uns *information gap*–Aufgaben und nehmen uns in die Pflicht, an der Ausgestaltung ihrer Werke mitzuarbeiten. Um die Zeitsprünge, Raffungen und Lücken auszufüllen, setzen wir alle unsere Kenntnisse über Sprache, die Menschen und ihr Verhalten, Personen und ihre Beziehungen zueinander ein; d.h. unsere gesamte individuelle Vorerfahrung fließt in die Deutung des Films ein.

Und gleichzeitig lassen wir uns auf ein Spiel mit unseren Sinnen ein. Wir erlauben den Appell an das Unterbewusste, indem wir Farben, Musik und Töne auf uns wirken lassen. Sie schaffen Atmosphäre und Stimmung und geben uns die Illusion, 90 Minuten lang an einer Geschichte Anteil zu haben.

Um über Filme reden zu können, ist es wichtig, deren eigene Sprache und Ästhetik zu erkennen, zu beschreiben und zu bewerten. Über die Analyse hinaus benötigen wir zudem kreative Formen der Auseinandersetzung, denn die Bedeutung des Films ist nicht nur im Medium selbst zu suchen, sondern auch in der Art und Weise, wie er vom Zuschauer rezipiert wird.

Obwohl Film und Video meist zusammen mit anderen betrachtet werden, erleben individuelle Menschen mit verschiedenen Vorerfahrungen und Sprachkenntnissen die scheinbar gleiche Geschichte unterschiedlich.

Activity 1   **Helden und andere Rollen**
Beauties and beasts

● Zur sprachlichen Entlastung und zur inhaltlichen Vorbereitung sammeln L und S in einer *pre-viewing* Phase die Persönlichkeitsmerkmale und Charaktereigenschaften, die sie für eine Rollenanalyse wichtig erachten:

self-confidence	*gestures*
intelligence	*facial expressions*
friendliness	*language*
openness	*clothes*

Dies kann arbeitsanteilig (Kopf, Körper, Kleidung, Persönlichkeit, Reaktion auf Mitmenschen, Entwicklungen und Veränderungen etc.) oder in Gruppen geschehen, aber auch als *mind map, cluster* oder ungeordnete Stichwortsammlung im *brainstorming* wachsen. Im Tafelanschrieb, auf Folie oder auf einem Poster werden die Ergebnisse gesichert.
● Die S sehen eine oder auch mehrere Videosequenzen, in denen eine Person im Vordergrund steht. Sie erhalten so die Gelegenheit, den Menschen im Kontext einer oder verschiedener Situationen genauer

kennenzulernen und sich mit seinen Charaktereigenschaften auseinanderzusetzen.

- Mit einem oder zwei Partnern beschreiben S das beobachtete Verhalten und überlegen, wie sie in dieser Situation reagiert und gehandelt hätten. Im Klassengespräch werden mögliche Alternativen vorgestellt und im Tafelanschrieb oder auf der Folie festgehalten.
- S analysieren das Verhalten in den gesehenen Szenen und entwickeln im Anschluss mithilfe des gesammelten Wortschatzes ein Persönlichkeitsprofil.
- Die Klasse erhält von L eine „Liste der Möglichkeiten". In ihr finden die S für Team- oder Kleingruppenarbeit Beschreibungen weiterer und hypothetischer Situationen. Die S entwickeln aufgrund ihrer Analyse und des Profils ein Szenario, in dem sie voraussagen, wie ihre Person unter solch anderen Umständen vermutlich handeln würde (je nach Leistungsstand kann statt des Konditionals auch das Futur benutzt werden). Ihre Auffassungen belegen und begründen die S.
- Die Ergebnisse werden mündlich vorgetragen oder in schriftlicher Form gesammelt. Denkbar ist auch die Präsentation im Rollenspiel.
- In einer abschließenden Evaluationsphase lassen sich die Ergebnisse im Klassengespräch vergleichen. Die Plausibilität der Entwürfe wird diskutiert und abgestimmt. In einer *ranking list* kann die Klasse ihre Favoriten küren.

WS 1	*If I were you* **(Dead Poets Society)**
Lernniveau	ab Mittelstufe
Sprache	Futur Konditionalsätze II Modalverben: *might, may, could* Möglichkeit: *likely to, unlikely to* Wahrscheinlichkeit: *probably* Begründung: *therefore, that's why, for this reason, consequently* Personenbeschreibungen: *face (hair, eyes, ears, nose, chin, cheeks, beard), body (tall, small, slim, fat)* Charakterisierung: *childish, mature, confident, insecure, aggressive*
Vorbereitung 	Die Arbeitsformen ähneln in gewisser Weise den Aktivitäten, die schon im dritten Kapitel (Spekulieren) beschrieben wurden, gehen jedoch deutlich über sie hinaus. Jetzt verfügen die S über weiterreichende Informationen, ergänzen sie mit logischen Schlüssen und ihrem Weltwissen; die Beschränkung auf die reine Hypothesenbildung entfällt. Durch Analyse und Interpretation erarbeiten sich die S ein deutliches und begründbares Bild von einer Person, die nicht so sympathisch gezeichnet sein muss, wie dies im Filmausschnitt zu **Dead Poets Society** (1:52:00) der Fall ist.

Wichtiger ist vielmehr die detailgenaue Beobachtung, Beschreibung und Interpretation der Charaktere, die die S in den Arbeitsphasen gegenüber den Mitschülern artikulieren und vertreten.

Für L bedeutet die Vorbereitung der Arbeitsaufträge, vor allem im Bereich der folgenden Varianten, einen gewissen Mehraufwand. In aller Regel müssen passende Dialogteile zum Filmausschnitt im Internet gefunden oder vom Video transkibiert und Charakterprofile der handelnden Personen angelegt werden. In einem Fall sind Schlüsselsequenzen in nichtchronologischer Abfolge aus dem Original herauszukopieren.

Es wird jedoch in den meisten Klassen möglich sein, S für diese Aufgaben zu motivieren, wenn diese zu Hause Zugang zu Internet und einem Videorecorder haben.

Varianten

⬚ Auf Charakterkarten (Folien, *flash cards, cue cards,* Wandposter etc.) erhalten S die Persönlichkeitsprofile einiger der Personen, die in einem Film zu sehen sein werden. Dazu gibt es eine zweite Liste mit Handlungen und Aktionen, die im Film auch tatsächlich vorkommen und in denen diese Menschen jeweils eine wichtige Rolle spielen. In einer *matching exercise* ordnen S jeder Person eine Handlung zu, erläutern die Verknüpfung und begründen sie.

Beim anschließenden Betrachten des Films können sie ihre Ergebnisse mit dem authentischen Material vergleichen und bewerten.

⬚ L (oder S) bereitet mithilfe des Videorecorders einen kurzen Filmausschnitt vor und stellt der Klasse für ihren Arbeitsauftrag drei Informationsquellen zur Verfügung:
- knappe schriftliche Persönlichkeitsprofile verschiedener Charaktere, die in einer bestimmten Videosequenz von Bedeutung sind
- mündliche Beschreibung der dazugehörigen Situation und Handlungen der Personen
- kurze Dialogliste mit Textausschnitten, jedoch ohne Nennung des jeweiligen Sprechers

Aufgabe der S ist es, herauszufinden und zu begründen, welche Person welchen Text spricht. Die Arbeitsformen (einzeln, Team, Gruppe) und die Art der Präsentation (schriftlich, mündlich) hängen von der Komplexität des Videoausschnittes ab. Die Ergebnisse werden der Klasse mit vorbereiteten Argumenten vorgetragen und gemeinsam diskutiert.

Als Fortführung der Übung kann nach logischen Gesichtspunkten auch der genaue Moment des Sprechens innerhalb einer Szene bestimmt werden.

Standbild

⬚ S erhalten auf Charakterkarten das Persönlichkeitsprofil einer Person. Als Alternative bietet sich auch ein Standbild oder eine Szene aus einem Film an, um den Menschen kurz zu zeigen: So können sich S „ein Bild machen" und einen ersten Eindruck bekommen.

Dann folgt die Präsentation des zu bearbeitenden Filmausschnittes. Das

Video wird an einer oder mehreren geeigneten Stellen gestoppt, eine Aktion unterbrochen. In Kleingruppen entwerfen die S Szenarien und begründen, wie die Handlung weitergehen könnte, welche Richtung der Mensch einschlagen wird, was die Beweggründe seines Tuns sein könnten. Die Ergebnisse der Gruppenarbeiten werden öffentlich diskutiert und auf Plausibilität hin verglichen.

▣ Die Lerngruppe betrachtet eine Videosequenz, sieht, wie sich eine Person in einer konkreten Situation verhält. S vergleichen die Handlung des Films mit den Reaktionen, die sie von sich selbst unter den gegebenen Umständen erwarten würden, vergleichen und bewerten sie. Alternative Verhaltensweisen werden skizziert und bewertet.

▣ L (oder ein S) bereitet für diese Variante die Charakterprofile zweier handelnder Personen und *half a dialogue* vor: den kurzen Teil eines Dialogauszugs, in dem nur abgedruckt ist, was eine der beiden Personen spricht. Beides bekommen die Schüler. Sie sollen dann begründet entscheiden, was die andere Person nach ihrer Meinung sagen könnte. Der Dialogentwurf eignet sich auch für eine Aufführung vor der Klasse.

▣ Bevor sie Anfang und Ende einer Konversation sehen, erhalten die S zwei Charakterprofile. Die Leerstelle des Gesprächs füllen sie für beide Personen aus und erstellen schriftlich den fehlenden Dialogteil. Ihr Ergebnis stellen sie im Rollenspiel der Klasse vor.

▣ S erhalten die Beschreibung einer Filmsituation plus Persönlichkeitsbilder aller an der Szene Beteiligten. Daraus entwickeln sie eine ihnen plausible Fortführung oder ein Ende und vergleichen es mit den Ergebnissen anderer S oder Arbeitsgruppen.
In der abschließenden Diskussion werden Für und Wider der Entwürfe besprochen und zum Schluss mit dem Ergebnis des Films abgeglichen. Als eine dafür besonders geeignete Szene hat sich das Ende von **Casablanca** erwiesen, wenn Humphrey Bogart sich entscheiden muss, ob er mit Ingrid Bergman in die Freiheit fliegen will oder seine Liebe dem Widerstand gegen das nationalsozialistische Militär opfern soll.

▣ Statt Taten und Reaktionen lassen sich auch Vokabular, Satzteile, Sätze und grammatikalische Strukturen in Dialogen vorhersagen, wenn die Klasse über ein ausreichendes Kontextwissen verfügt. Personenbeschreibungen oder Handlungsskizzen können dazu von L oder S vorbereitet werden. Zwei grundsätzliche Möglichkeiten bieten sich an:
– L gibt der Klasse eine Reihe von Strukturen und/oder Wortschatz zur Auswahl. S begründen, was sie zu hören erwarten.
– S entwerfen selbst eine Liste mit erwarteter Lexis und/oder Grammatik. Folgende Strukturen haben sich als hilfreich erwiesen:

simple present	2nd conditional
simple past	3rd conditional
future progressive	present perfect passive
used to	infinitive of purpose
past perfect	

Ein gutes Beispiel zu Strukturen findet sich bei **Jumanji** (44:00).

L kann folgenden Arbeitsauftrag formulieren:
*In a moment you are going to see an extract from the film **Jumanji**. In this scene Alan returns to the house of his old girlfriend, Sarah, after being trapped in a jungle in a different dimension. On his return he has noticed how everything has changed. He is accompanied by Peter and Julie, who are visiting the house for the first time. The house and garden look run down. In this extract from the dialogue, as they are walking from the garden gate to the front door, there is an exchange between Alan and Peter.*

An die Tafel schreibt L:

Alan:	"This is ...	... live."
Peter:	"This place ...	... before."
Alan:	"We ...	... porch."

Look at the list of grammatical structures (s.o.) and decide which ones could be used in the situation. Think of specific examples and be prepared to explain them.
Mögliche Ergänzung: *This place must have been impressive before.* (modal perfect)

● L übergibt der Klasse einen Text mit der knappen Zusammenfassung eines ganzen Films. Besonders herausgearbeitet ist dort z.B. die Entwicklung einer zwischenmenschlichen Beziehung. Dazu erhalten die Schüler eine Liste von Schlüsselsätzen aus verschiedenen Phasen des Films oder sie sehen solche Momente im Video. Die Abfolge der Sequenzen folgt dabei nicht der Chronologie des Films.
Ziel ist es, auf einer *time line* die richtige Abfolge der Dialogteile festzulegen.

WS 2   *A good fit **(Children of a Lesser God)***

Activity 2   **Wenn Bilder sprechen**   ***Everything but the words***

Im Film sind die Worte oft gar nicht das Entscheidende. Paralinguistische Informationen fließen in die Sprache des Films ein und bestimmen dessen eigenen Stil. Dazu tragen der Set, die Dekorationen, Requisiten und Handlungsorte ebenso bei wie Geschwindigkeit, Töne, Musik und Farben. So werden auch unterschwellige Botschaften transportiert, deren Bedeutung der Zuschauer beim ersten Betrachten noch gar nicht erkennt.

Children of a Lesser God

Offenheit gegenüber dem Symbolgehalt eines Streifens und die Analyse seiner Metaphern erlauben es den S, sich mit Filmsprache vertrauter zu machen und ihre Empfindungen und Erkenntnisse auch in der Fremd-sprache zu artikulieren. Spielfilme haben durch ihre Zweitvermarktung per Video mittlerweile eine enorme Nachhaltigkeit erreicht und sind für S langjährige Begleiter. So lässt sich beim Schüleraustausch und bei Brieffreundschaften beobachten, dass es oft Filme, Schauspieler und Regisseure sind, die Anlässe zum Gespräch geben.

- L nennt den S eine Reihe typischer Filmszenen (romantische Zwei-samkeit, geheimnisvolle Abenteuer, schreckliche Geisterwelten, ein tränenreicher Abschied, ein überraschender Todesfall ...) und fordert sie auf, sich in die Rolle eines Regisseurs zu versetzen, der eine sol-che Szene drehen will.
- Die S eines Teams oder einer Arbeitsgruppe suchen sich eine genretypische Szene aus und sammeln in kleinen Arbeitsgruppen *bildsprachliche Symbole*, die sie verwenden würden (Blumen und Kerzenschein fürs Romantische, Schlangen und Totenköpfe fürs Abenteuerliche, ein Bahnhof im Regen fürs Sentimentale, verrinnen-der Sand im Stundenglas als Zeichen für Tod).
- Zwei Teams setzen sich zusammen, stellen sich ihre Ergebnisse gegenseitig vor und erläutern sie.

bildsprachliche Symbole

118

- L beschreibt seiner Klasse eine prägnante und symbolträchtige Szene aus einem Film: *You are going to see a scene from a film. In it the director shows us a man carving a chicken. Write down some ideas about what this scene could symbolise.*
  L gibt eine mögliche Antwort vor: *One idea might be that it stands for a festive dinner.* (**The Third Man**, 30:00: Dr. Vinkle zerlegt gerade ein Hühnchen, als Martins bei ihm eintrifft). Die S sammeln weitere Ideen und schreiben sie an die Tafel oder auf eine Folie.
- Die Klasse sieht den Ausschnitt, eine Auswertung und Diskussion schließt sich an.
  L: *Now watch the scene and discuss with a partner if any of your ideas were similar to the scene in the film.*
- Weitere Szenen aus **The Third Man** schließen sich an.
  L: *In the following scenes other symbols are used. Repeat the activity as you did with the chicken.*
  Die S sehen die jeweiligen Filmausschnitte um herauszufinden,

---

A fairground (1:11:00): Martins wird zum Rummelplatz geschickt, um Harry zu treffen.
A bow tie (49:00): ein Intellektueller stellt Martins bei einer Konferenz eine Frage.
A violin (35:00): Martins betritt ein Restaurant, in dem ein Geiger eine Serenade spielt.
A sewer (1:29:30): Martins wird von der Polizei verfolgt und verschwindet in der Unterwelt.

---

welche ihrer Ideen mit dem Video übereinstimmen.
- Anschließend diskutieren sie mit einem oder zwei Partnern den Symbolgehalt der Szene und entscheiden sich, ob die beabsichtigte Wirkung erzielt wurde. Mittels einer Abstimmung wird auf einer Zahlenskala von 1 (sehr hoch) bis 6 (gering) das Resultat festgestellt.
- Nachdem die Klasse einen ganzen Film oder einige Ausschnitte betrachtet hat, konfrontiert L sie mit berühmten Zitaten, die Symbole beinhalten. Unsere Beispiele haben wir an Francois Truffauts Film **Fahrenheit 451** erprobt:
  *Having watched **Fahrenheit 451**, discuss with your group in what way you think the following famous quotations and sayings are appropriate to the film:*
- L stellt Redemittel zur Verfügung:

---

1. *For what does it profit a man to gain the whole world if he loses his soul?*
2. *Every cloud has a silver lining.*
3. *It's better to die on your feet than to live on your knees.*

---

4. *No man is an island.*
5. *The way to a man's heart is through his stomach.*
6. *He who fights and runs away lives to fight another day.*
7. *Never look a gift horse in the mouth.*
8. *Ask not what your country can do for you, but what you can do for your country.*
9. *Let sleeping dogs lie.*
10. *You can't tell a book by its cover.*

● *Be prepared to relate each phrase to specific scenes in the film. You may wish to express your opinions with some of these expressions:*

In my opinion ...	*The way I see it is ...*
As far as I'm concerned ...	*From my point of view ...*

● Die S diskutieren im kleinen Kreis, inwiefern und an welchen Stellen das Zitat sich auf den Film bezieht. Ihre Ergebnisse fließen in eine Klassendiskussion ein.

Lernniveau ab Mittelstufe

Sprache *as/like*
as if
so that
infinitive of purpose: in order to, so as not to
In my opinion ...
As far as I'm concerned ...
The way I see it is ...
From my point of view ...

Vorbereitung

Da es bei dieser Aktivität im Wesentlichen um das Verständnis, die Diskussion und Bewertung von Bedeutung und Symbolwert von Objekten im Film geht, bietet es sich an – je nach dem intellektuellen und sprachlichen Niveau der Klasse –, bereits bekannte Symbole noch einmal zu betrachten:
– die Bedeutung des Apfels als Frucht vom Baum der Erkenntnis oder dessen Rolle beim Scheintod Schneewittchens,
– Reis als Glücksbringer und Fruchtbarkeitssymbol bei Hochzeiten,
– das Rad im Buddhismus,
– mystische Zahlen (z.B. 3, 7, 13), die Glück oder Pech bedeuten können,
– Tiersymbole wie die schwarze Katze, die Spinne, der Phoenix aus der Asche,
– aber auch Bilder wie die Betonwüste *(concrete jungle)* und
– Naturerscheinungen wie Schnee als Zeichen der Reinheit und Vergänglichkeit und Regen als häufiges Zeichen für Katharsis sind geeignete Diskussionsgegenstände.

Varianten

Genrefilme

 Die Schüler erhalten von L oder einem Mitschüler die Beschreibung oder Typisierung einer Szene (aus einem Horror-, Liebesfilm, Actionstreifen etc.) und machen sich Gedanken darüber, welche Symbole und Bilder darin enthalten sein könnten. Märchen- und Horrorfilme sowie fast alle Hitchcock-Werke eignen sich hierfür ganz besonders.

 Mithilfe der zahlreichen Filmparodien lassen sich die typischen Klischees der Genrefilme besonders schön herausarbeiten. Stellvertretend wollen wir nur einige Beispiele nennen:

> **Blazing Saddles** für Cowboyfilme,
> **Young Frankenstein** für die *gothic novel*, die zum Horrorstreifen wird,
> **The Man with Two Brains** für das Geheimnisvolle *(mystery)*,
> **Hot Shots** für Abenteuer,
> **Last Action Hero** für die Welt der Superhelden und Rambos,
> **Police Academy, The Pink Panther** und **Naked Gun** für Polizeifilme,
> **Monty Python and the Holy Grail** oder
> **Eric the Viking** für episches Kino,
> **Life of Brian** für Bibelfilme,
> **Earth Girls Are Easy** für Science-Fiction.

Requisiten

 Requisiten in Filmen können ganz verschiedene Funktionen haben. Oft kommt ihnen eine symbolische Bedeutung zu, ihre Beziehung zur Spielhandlung lädt zur Analyse und Diskussion ein.
In **Born Free** (12:00) spielen drei Löwenkinder mit verschiedenen Dingen. Die S beschreiben Handlung im Zusammenhang mit Objekten, dabei üben sie das Passiv und den *infinitive of purpose*.

Achtung: Die Klasse darf auf keinen Fall vorab erfahren, dass es sich um Tierkinder handelt!

Die Klasse erhält im Tafelanschrieb oder auf Folie eine Wortliste:

basket	cage
sprinkler	cushions
tablecloth	tyre
blanket	

Die S schreiben allein oder zu zweit eine Wörterbuchdefinition für jedes Wort. In einem kurzen *brainstorming* oder im lehrerzentrierten Unterrichtsgespräch sammeln sie an der Tafel, welche Dinge des Alltags man zu Spielzeugen umfunktionieren kann: Kisten, Toilettenpapierrollen, Papier ...

L formuliert die beiden Aufträge für Partner- oder Kleingruppenarbeit:
Imagine you are running a kindergarten or playschool, you have no toys for the children but you have these objects. How many different functions can you think of for each object? Write sentences like these:
– The blanket could be used to make a tent.
– The tyre could be used as a target.
Design an obstacle course using all the objects.
Die Ergebnisse werden in der Klasse vorgestellt, die besten Vorschläge prämiert. Dann fordert L die S auf, sich folgenden Filmausschnitt anzusehen, in dem Kinder spielen (bitte nicht die Löwen erwähnen):
Now watch the film and observe how the children play with the objects.
After viewing, write a detailed description of what happens including all the objects and any others you observe.
L erinnert S an die angemessenen sprachlichen Mittel:

---

infinitive of purpose • passive • so that …

Projekte und Aktivitäten

 S untersuchen arbeitsteilig ein eingegrenztes Gebiet des Symbolismus (Zahlen, Farben, Tiere, die Elemente, das Wetter, übernatürliche Erscheinungen) und präsentieren ihr Wissen vor der Klasse, unterstützt durch Tischvorlage, Tafelanschrieb, Folie oder Aushang.

 S untersuchen in Gruppen jeweils ein Buch, einen Film oder Song ihrer Wahl auf dessen symbolischen Gehalt. Sie informieren sich gegenseitig, indem sie ihre Ergebnisse vorstellen. Gut geeignet ist beispielsweise die ganze Bandbreite von Dracula-Literatur und Verfilmungen, in denen alte Schlösser mit Vampiren und Jungfrauen, Knoblauch, hölzerne Pfähle, Spiegel, Kreuze und Särge Schlüsselelemente sind.

 Aberglaube wird in Englischlehrwerken z.T thematisiert (z.B. *Salem witch hunt: English G,* A6, Cornelsen 1991). Hier bietet es sich geradezu an, Querverweise herzustellen.

Activity 3   … wer nicht schaut, bleibt dumm   *I don't get it*

Diese *Activity* will S ermutigen, sich noch genauer mit Dialogen und ihrer Darstellung im Film auseinanderzusetzen und daran ihre Interpretationsfähigkeiten schulen. Sie lernen so die Macht des Visuellen kennen und schärfen ihre Aufmerksamkeit auf das Zusammenspiel von Text und Bild.

● S erhalten von L den reinen Textausschnitt einer Filmsequenz. In ihm sind diejenigen Wörter, z.B. Personalpronomen *(it, they)*, Demonstrativpronomen *(this, that)*, Zahlen *(one)* unterstrichen, die sich auf sichtbare Dinge des Streifens beziehen, aber nicht aus dem Kontext des Monologs oder Dialogs zu erschließen sind.

- In Ermangelung eines bildlichen Kontextes fehlen den S entscheidende Zusatzinformationen und damit Bezugspunkte, die sie zur Einordnung des Gesagten brauchen.
- Mithilfe der anderen Textteile als Orientierungsrahmen und allen anderen Informationen, die ihnen sonst noch zur Verfügung stehen, entwickeln die S mit einem oder zwei Partnern unter dem Gesichtspunkt der Wahrscheinlichkeit Vorschläge, auf was sich der gesprochene Text und die unterstrichenen Wörter beziehen könnten.
- Ihre Ergebnisse stellen die Gruppen vor, sie begründen ihre Auffassung und liefern die Grundlage für eine Diskussion der ganzen Klasse und einer Abstimmung über ihre Beiträge.
- Der Filmausschnitt wird gezeigt. Arbeitsergebnisse werden mit dem Original verglichen.

WS 3   *What is it? **(Educating Rita)***

Lernniveau   ab Unterstufe möglich bei einfachen Bezügen und stärkerer Steuerung, sonst Mittelstufe

Sprache   Personalpronomen
Demonstrativpronomen
Vokabeln des Spekulierens
allgemeiner Wortschatz, vor allem Nomen

Vorbereitung   Ziel dieses Aufgabentypus *intelligent guessing* ist es, den Fremdsprachenlerner für die Erschließung authentischer Texte, in denen Informationsinhalte aufeinander aufbauen oder sich aufeinander beziehen, zu schulen. In diesen Fällen lässt sich das Gehörte nur dann verstehen und einordnen, wenn bereits vorher Gesagtes auch richtig verstanden worden ist. Geübt werden soll also das sinnrichtige Einordnen in die jeweiligen Kontexte.

L kann die Aufgabe je nach den Bedürfnissen seiner S steuern, indem er ihnen gezielte Informationen zum Video zur Verfügung stellt (Personen, ihre Beziehungen zueinander, Zeit, Ort usw.).

Varianten

 Indem Schlüsselwörter aus einem Dialog herausgenommen werden, müssen S nach anderen Hinweisen suchen, die Situation und die generelle Stimmung des Dialoges erkennen, um so herauszuarbeiten, was im Film geschieht. Auf einem Arbeitsblatt versuchen sie, die *key words* wieder in den Text einzufügen.

Sie vergleichen ihre Ergebnisse mit denen des Banknachbarn, besprechen Alternativen und betrachten die ursprünglichen verwendeten Textteile im Video.

WS 4   *Almost there* **(The Full Monty)**

 Die S erhalten einen vom L oder einem S umgeschriebenen Dialog, in dem besonders wichtige Vokabeln verändert sind. Aufgabe ist es, nach unschlüssigen Stellen suchen, die Veränderungen zu erkennen und nach Möglichkeit zu korrigieren.

WS 5   *Better all the time* **(Superman IV)**

 Die S erhalten einen Originaldialog einer Filmszene und versuchen die Bilder des Videos zu beschreiben, indem sie die Informationen des Textes auswerten.

WS 6   *Reading to see* **(A Private Function)**

Projekte und Aktivitäten

 So wie Dialoge uns Hinweise auf den visuellen Gehalt eines Films geben und die Handlung uns Rückschlüsse auf die Dialoge erlaubt, zielt die Filmwerbung mit ihren Trailern darauf ab, einen Eindruck vom Inhalt und Format eines ganzen Streifens zu geben.

Im Kino finden wir sie zwischen Produktwerbung und Hauptfilm, im Fernsehen begegnen sie uns auf allen Kanälen am Ende von Werbeblöcken oder Sendungen. Auch die meisten Kaufvideos beginnen mit 5 bis 10 Minuten Filmwerbung. Allen Trailern gemeinsam ist das Bemühen um eine klar und knapp gesetzte Sprache mit signifikanten Bildern. Eine 90 minütige Geschichte wird so auf Sekunden reduziert.

Trailer

Im Anschluss an die Betrachtung eines ganzen Films oder der intensiven Beschäftigung mit Teilen davon können S ein eigenes Design für einen Trailer entwerfen. Sie können ein Bild malen, ein *storyboard* oder Drehbuch entwickeln, einen Text schreiben oder gar am Ende ein eigenes Video drehen. Dabei dürfen und sollen sie die oft gekünstelten und reißerisch präsentierten Ankündigungen und Versprechungen der Produzenten imitieren.

storyboard

Zusätzlich oder als Alternative können Gruppen einen völlig überzogenen und übertriebenen Trailer entwerfen, der zu der Art eines Filmes überhaupt nicht passen will (wie würden die Macher eines Rambo Films **Educating Rita** anpreisen?).

Activity 4	**Grammatik** *Write Word, Right Place*

An dieser Stelle müssen wir eingestehen, dass es sich bei der Übungs-form um Etikettenschwindel handelt. Eigentlich benutzen wir das Medium Video hier, um notwendiger Vokabel- und Grammatikarbeit einen neuen Anreiz zu geben.

- S erhalten den Text einer Filmsequenz, der Wortlücken aufweist. Der gewählte Dialog sollte in einem ausreichenden Kontext stehen, dem S Hinweise auf das fehlende Vokabular entnehmen können. Als Alternative kann L z.B. eine knappe Zusammenfassung der Szenen oder Hinweise auf die darin vorkommenden Personen geben, den Handlungsort und die Zeit nennen.
- In unserem Lückentext stimmen die fehlenden Wörter mit den Bildern des Films überein oder stehen zumindest in einem unmittelbaren Zusammenhang. Die S suchen in einem *brainstorming* die Vokabeln, von denen sie annehmen, dass sie im Text vorkommen.
- Die Klasse sieht den Videoausschnitt. Die S vergleichen ihre Ergeb-nisse mit dem des Bandes.

WS 7	*Imagine no possessions* **(All Quiet on the Western Front)**
Lernniveau	alle Stufen
Sprache	alle Wortarten alle Strukturen, deren Wiederholung gewünscht wird

Vorbereitung

Diese *Activity* zielt darauf ab, Wortschatz- und Grammatikarbeit für die S ein wenig interessanter zu gestalten. Da der Einsatz des Videos erst zum Ende der Übungen für den Vergleich mit den Arbeitsergebnissen der Klasse vorgesehen ist, hat es sich bewährt, die S zur Vorbereitung, Ein-stimmung und zur Schaffung eines situativen Kontextes einen kurzen Filmausschnitt sehen zu lassen. Gute Dienste leistet auch ein Musik-auszug, den L der Klasse vorspielt.

Varianten

Um das englische Zeitensystem zu üben, erhält die Klasse auf einem Arbeitsblatt den Textauszug eines Filmes. Es fehlen einige Verben. S ergänzen sie in der richtigen Zeitform. Dabei gibt es zwei Möglich-keiten:
- Sie erschließen die Verben durch den Kontext.
- Im Lückentext gibt L die Verben im Infinitiv (in Klammern) vor, dann ermitteln die S nur die jeweilige Zeitform.

Am Ende steht wieder der Vergleich mit dem Original.

S erhalten eine Liste mit Wortgruppen. Jede Gruppe hat vier bis sechs verschiedene Formen desselben Wortstammes. Einige Beispiele:

> *exclude, exclusion, exclusive, exclusively*
> *concept, conception, conceive, misconceive, misconception*
> *product, produce, producing, productivity, producer*
> *pure, purity, impure, impurity, purify, purification*

📼 Die S sollen überlegen, ob sie weitere Formen einer Wortgruppe hinzufügen können. Dann sehen sie die Videosequenz um herauszufinden, welches Wort aus der Gruppe tatsächlich verwendet wurde.

📼 Die S erhalten von L eine Liste mit Wortpaaren. Ein Teil des Paares ist eine Vokabel aus den Dialogen einer Videoszene, der andere deren Synonym oder ein mit ihr verwandtes Wort.
Beim Betrachten der Szene identifizieren die S die Wörter, die tatsächlich vorkommen. Einige Beispiele:

> *castle – palace*   *receive – get*
> *street – road*   *look for – look after*

Hinweise zu den Worksheets

WS 1   ***If I were you***

Film   ***Dead Poets Society*** (1:52:00)

Beginn der Handlung   Todd betritt das Arbeitszimmer des Schulleiters. Direktor und Eltern warten bereits auf ihn.

Unterrichtsziel   Die S lernen durch eine oder mehrere geeignete Videoausschnitte eine Person und deren Charakter näher kennen. Sie überlegen sich, wie dieser Mensch unter anderen Umständen und in anderen Situationen handeln und reagieren würde.

Ablauf   Zeigen Sie den Filmausschnitt, der im Zimmer des Schulleiters spielt, ohne weitere Einführungen. Halten Sie im Tafelanschrieb oder auf Folie fest, was die S im einzelnen verstanden haben. Lassen Sie die Klasse Todd charakterisieren.
Wenn Sie genügend Zeit zur Verfügung haben und die Charakterisierung vertiefen möchten, können Sie auf weitere gut geeignete Szenen zurückgreifen:
- 1:05:00 Neil versucht Todd aufzumuntern, nachdem der das gleiche Geburtstagsgeschenk wie im Jahr zuvor erhalten hat.

- 55:00 Keating versucht Todd dazu zu bewegen, seine Schüchternheit zu überwinden und ein Gedicht vorzutragen. An dieser Stelle könnte es von Nutzen sein, der Klasse weitere Informationen zu geben: *Keating is a popular, progressive teacher in a very conservative school. He is being used as a scapegoat for the suicide of a boy, Neil, who killed himself because his overbearing father refused to let him pursue his acting vocation. While Keating encouraged the acting, he told Neil that he ought to discuss the matter with his father.*

Fragen Sie mehrere S, ob Sie auf gleiche Art und Weise wie Todd reagiert hätten.

Lassen Sie sie in kleinen Gruppen diskutieren, wie die S auf die Kommentare des Schulleiters (siehe WS) reagiert hätten.

Spielen Sie noch einmal diese Sequenz ab, damit die Reaktionen des Jungen genau beobachten werden können.

Lassen Sie die Klasse (in kleinen Gruppen / 3 S) erarbeiten, wie jemand wie Todd auf die zehn auf dem WS aufgelisteten Situationen reagieren würde. Ihre Ergebnisse sollen sie begründen.

Entlasten Sie die S, indem sie Angaben zur Zielsprache machen. Dazu einige Beispiele:

self-confidence	*gestures*
intelligence	*facial expressions*
friendliness	*language*
openness	*clothes*

Auch eine Revision von *conditional sentences II* und *III* kann an dieser Stelle hilfreich sein.

Lassen Sie die S nach der Erarbeitungsphase ihre Ergebnisse vortragen, achten Sie dabei auf die Angemessenheit und den korrekten Gebrauch der Zielsprache.

- 1:58:00 Zum Abschluss und zur Abrundung der *Activity* können Sie mit der Klasse Todds endgültige Rebellion in der Schlusssequenz betrachten. Die Jungen stehen dabei auf den Tischen, um ihre Unterstützung für Keating auszudrücken.

WS 2   ***A good fit***

Film   ***Children of a Lesser God*** (52:00)

Beginn der Handlung
① 17:00 James versucht, der Frau Sprecherziehung anzubieten.
② 26:00 James und die Frau treffen sich am Strand.
③ 43.30 James kommt zum Becken, in dem die Frau schwimmt.

④ 1:00:30 Sie sprechen in ihrem Zimmer.
⑤ 1:23:00 Die beiden sind nach der Party zu Hause.
⑥ 1:47:00 Beide sind während der Abschlussfeier zum Ende des Schuljahres im Garten.

Unterrichtsziel

Die S sollen überprüfen, welche Sätze zu den Situationen, die auf dem WS beschriebenen sind, passen.

TIPP

Um während des Unterrichts das lästige Weiterspulen des Videos zu vermeiden, bietet es sich an, die entsprechenden Ausschnitte vorab auf ein neues Band zu überspielen / überspielen zu lassen.

Ablauf

Gehen Sie die sechs Handlungselemente des Films, die Sie auf dem WS finden, mit Ihren S durch. Fragen Sie, welche konkreten Probleme sie bei dem Paar erwarten. Lassen Sie spekulieren, warum die Frau nicht sprechen lernen will.

In Partner- oder Gruppenarbeit versuchen die S nun jede Satzgruppe mit einer der sechs Szenen in Verbindung zu verbringen. Ihre Entscheidungen begründen sie.

Schaffen Sie anschließend neue Gruppenkonstellationen und lassen Sie die Klasse die Sätze 1–6 von WS 2b den sechs Filmsequenzen zuordnen. Die S erläutern ihre Entscheidungen.

Zeigen Sie die Ausschnitte und überprüfen Sie die Antworten der S.

TIPP

Falls Sie die Aufgaben in Ihrer Klasse für leicht lösbar halten, können Sie auch die Gruppierungen A bis F von WS 2a aufbrechen und alle Sätze mischen. Dann müssen die S jeden einzelnen Satz einer der sechs Szenen zuordnen.

Lösung

A ③

B ⑤

C ②

D ①

E ⑥

F ④

1 → F

2 → A

3 → D

4 → E

5 → C

6 → B

WS 3   *What is it?*

Film   *Educating Rita* (5:00)

Beginn der Handlung   Rita betrit zum ersten Mal das Büro ihres Lehrers an der Open University.

Unterrichtsziel   Eine Übung zu Pronomen. Die S sollen die Fürwörter als Platzhalter wahrnehmen und die Begriffe, für die sie stellvertretend stehen, benennen. Was sie im Dialogauszug lesen, müssen sie auf der Tonspur des Videobandes hören und dem entsprechenden Bild zuordnen.

Bei Bedarf verdeutlichen Sie die Funktion der Pronomen anhand einiger Beispiele vorab.

Ablauf

Zeigen Sie den S das WS mit den 16 Dialogfetzen und den markierten Fürwörtern. Erzählen Sie der Klasse den Inhalt des Films und dieses Ausschnitts in groben Zügen.

Die S sollen versuchen, aus den schriftlichen Kontexten die jeweilige Bedeutung der Pronomen zu erschließen. Weisen Sie sie darauf hin, dass das Fehlen eines größeren Zusammenhangs die Auflösung schwieriger macht.

Spielen Sie den Ausschnitt vor, damit die S ihre Lösungen mit dem Film vergleichen können.

Vermutlich werden die S für die Lösung mehr als einen Videodurchgang brauchen.

Mögliche Lösungen

1 *the door handle*
2 *waiting for someone to open the door*
3 *her first name*
4 *Susan*
5 *Ruby Fruit Jungle*
6 *tits*
7 *use bad language / the masses*
8 *the aristocracy*
9 *cigarette*
10 *having a baby at her age*
11 *assonance*
12 *assonance / getting the rhyme wrong*
13 *the window*
14 *change yourself*
15 *appalling teaching*
16 *another teacher*

WS 4 *Almost there*

Film *The Full Monty* (44:30)

Beginn der Handlung

Nathan geht in das Postamt, um von seinem Konto Geld abzuheben. Sein Vater folgt ihm.

Unterrichtsziel

Die S versuchen Textlücken eines Dialogs zu füllen. Sie diskutieren und spekulieren über die fehlenden Gesprächsteile. Mit den wenigen Informationen, die ihnen zur Verfügung stehen, sollen sie sich zudem ein Bild von der Situation und der Stimmung machen.

Sagen Sie der Klasse nicht, um welchen Film es sich handelt.

Ablauf

Geben Sie der Klasse den Dialogauszug. Lassen Sie in kleinen Teams (zwei bis vier S) herausfinden, wieviel sie vom Text verstehen, wieviel Handlung sie erahnen und welche Stimmung sie erwarten.

Um die *Activity* besser zu strukturieren, können Sie zur Kategorisierung anbieten:

● *their relationship*	● *who they are*
● *the place*	● *mood*
● *who is speaking to whom –*	● *attitude of each one*
to each other – to others	

Sammeln Sie die vorgetragenen Antworten der S, besprechen Sie sie mit ihnen, lassen Sie jeweils konkrete Bezüge zum Text herstellen.

Um die Aufgabe zu erweitern, können Sie das Band zunächst ohne Bild abspielen. So lässt sich erkennen, ob die S anhand der Bilder die Dialogsituation konkreter erfassen.

Lösung

Father: *"You can't do this KID, it's your SAVINGS."*
Son: *"I can. I just need your SIGNATURE. It says in the BOOK."*
Father: *"Well, you bloody well can't have it. You're alright, love, it's sorted."*
Son: *"It's my MONEY. I want it. A HUNDRED POUNDS please."*
Father: *"When you're 18 you can walk in and get it yourself, can't you."*
Son: *"You said you'd get it back."*
Father: *"I know, but you don't want to listen to what I say."*
Son: *"You said so. I believe you."*
Father: *"You do?"*
Son: *"Yeah."*
Father: *"Blimey Nath."*

WS 5 *Better all the time*

Film *Superman IV* (31:30)

Beginn der Handlung Superman spricht vor den Vereinten Nationen.

Unterrichtsziel S identifizieren die Schlüsselwörter einer Rede. Nachdem sie erfahren haben, dass es Superman ist, der vor den Vereinten Nationen spricht, und dass seine Ansprache fehlerhaft wiedergegeben wurde, sollen sie die Abweichungen entdecken und korrigieren.

Ablauf Geben Sie der Klasse die Rede auf dem WS und lassen Sie überlegen, wer zu wem und wo sprechen könnte. Lassen Sie die Schlüsselwörter herausarbeiten.

Informieren Sie nun darüber, dass
- der Text verändert wurde und sich Fehler darin befinden,
- es Superman ist, der hier spricht,
- seine Adressaten die Länder und Völker der Erde sind.

Lassen Sie jetzt die Fehler verbessern und die Rede rekonstruieren.
Lassen Sie die S überlegen, mit welchen Posen Superman seine Ankündigung untermauern könnte.
Spielen Sie die Rede vom Videoband ab. Lassen Sie die S ihre Ergebnisse mit dem Original vergleichen.

Lösung
*"For many years now I've lived among you as a **visitor**.
I've seen the **beauty** of your many **cultures**, I've felt great **joy** in your magnificent accomplishments. I've also seen the **folly** of your **wars**.
As of today I'm not a visitor anymore, because the **Earth** is my home too.
We can't live in fear, and I can't stand idly by and watch us stumble into the **madness of possible nuclear destruction**. And so I've come to a decision. I'm going to do what our **governments** have been unwilling or unable to do."*

WS 6   ***Reading to see***

Film   ***A Private Function*** (11:00)

eginn der Handlung   Polizeirazzia in einer Metzgerei. Der Dialog setzt ein, wenn die Polizisten über die Treppe in die Wohnräume des Metzgers vordringen.

Unterrichtsziel   S sollen mithilfe der textlichen Informationen, die sie dem Dialog im *WS* entnehmen, herausfinden, was sich da eigentlich abspielt. Die Sequenz wartet mit einer Reihe spaßiger Überraschungen auf, wenn die Annahmen der S mit den Bildern des Films verglichen werden.

Für eine vergleichbare *Activity* mit einem anderen Film ist es günstig, Ausschnitte zu suchen, die ein ausreichendes Maß überraschender Entwicklungen bieten und deren Dialoge nach Möglichkeit nicht eindeutig sind. Sinnvolle Folgerungen sollten jedoch möglich sein.

Ablauf   Geben Sie den S den Dialog auf dem WS. Weisen Sie darauf hin, dass er vollständig ist, es gibt keine Auslassungen. Lassen Sie je zwei Partner die Anweisungen durcharbeiten und so ein mögliches Szenario entwerfen.
Gehen Sie einige der bearbeiteten Aspekte durch und überprüfen Sie, ob verschiedene Paare Übereinstimmung erzielt haben. Lassen Sie die Entwürfe begründen.

Zeigen Sie zum Vergleich den Filmausschnitt.

Einstieg in die Arbeit mit dem WS: Geben Sie den S einen prominenten Satz aus einem anderen Film und fragen Sie, welche Vorstellungen sie damit verbinden. Sie können auf Situationen, Handlungsorte, Personen, Stimmungen usw. Bezug nehmen.

So fleht E.T. um die Möglichkeit der Kontaktaufnahme mit der extraterrestrischen Heimat *(phone home)*, Humphrey Bogart bewundert Ingrid Bergmann *(here's looking at you, kid)* und Robin Williams steht in einer völlig verwüsteten Straße und sieht zu, wie sich sein Sohn Peter zügig in einen Affen verwandelt *(26 years in the jungle and I still became my father)*.

Nachdem die S ausreichend Zeit hatten, ein mögliches Bild der Szenen zu entwerfen, zeigen Sie zum Vergleich den Ausschnitt.

Kündigen Sie an, dass die Übung mit mehr Text und größerem Augenmerk auf Details wiederholt wird.

Hausaufgaben	

- Die S beantworten noch einmal die Fragen des WS, beziehen sich jedoch diesmal auf die Filmvorlage.
- Sie entwerfen Regieanweisungen zur Sequenz.
- Sie schreiben das Drehbuch.
- Sie zeichnen ein Treatment.
- Sie formulieren einen Werbetext für die Metzgerei und preisen deren Vorzüge.

WS 7   *Imagine no possessions*

Film   **All Quiet on the Western Front** (1:46:30)

Beginn der Handlung   Paul sitzt in seinem Zimmer und schreibt einen Brief.

Unterrichtsziel   Die S sammeln in einem *brainstorming*-Verfahren Vokabeln für eine ihnen vorgegebene Situation. Sie organisieren sie in einer *mind map* und versuchen, die Wörter in einen Text einzusetzen. Beim anschließenden Abspielen des Videobandes achten sie auf die genaue Wortwahl des Originals und vergleichen mit ihren Lösungsversuchen.

Ablauf   Erklären Sie den S, dass sie gleich einen Videoausschnitt sehen werden, in dem ein Soldat auf Heimaturlaub einen Brief schreibt. Er denkt über das Grauen des Ersten Weltkriegs nach und versucht zu erklären, wie der Horror ihn brutalisiert hat und zu einem anderen Menschen werden ließ.

Fordern Sie die S auf, eine *mind map* zum Thema zu entwerfen. Ihr sollen sie die Substantive entnehmen, die sie in einem solchen Schreiben erwarten. Sammeln Sie die Begriffe und lassen Sie sie durch die S kontextualisieren.

Anschließend können Sie unter den folgenden Alternativen auswählen:

- Spielen Sie die Sequenz vor und lassen Sie überprüfen, welche der gesammelten Wörter tatsächlich im Brief vorkommen.
- Geben Sie den S das WS und lassen Sie prüfen, ob einige ihrer Wörter in die Lücken passen. Spielen Sie das Videoband und vergleichen Sie die Ergebnisse der S mit dem Original.

Hausaufgabe

Nachdem er den Brief geschrieben hat, zerreißt ihn der junge Mann. Lassen Sie Ihre S folgende Fragen (evtl. als Hausaufgabe) beantworten.

- Warum tut er dies?
- Wie wäre die Reaktion der Mutter, wenn sie den Brief tatsächlich bekäme?
- Wie müßte eine „bereinigte" Version des Briefes aussehen, die die Mutter beruhigen könnte?

Lösung

Mother,
I used to live in this room. All my things are here, all my BOOKS, my beloved BOOKS.
But they no longer speak to me as they used to for I am no longer what I was when I lived in this room.
I am a SOLDIER.
My business is not READING, it is KILLING.
My knowledge of LIFE is limited to DEATH, and I know now I should never have come back here.
Out there all MEN think as I do.
There is no argument about the MEANING of LIFE, because it has no MEANING.
My COMPANIONS at the front are the only TRUTH I know.
They are my BOOKS, my FAMILY, my LIFE.
I depend on them, and I depend on nothing else.
Mother, it's a terrible thing to say, but I feel I am now going back to my real HOME ...

If I were you

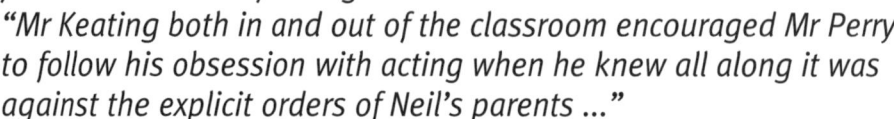

"Your teacher, Mr Keating, encouraged you boys to organise this club ..."
"He used it [the club] as a source of inspiration for reckless and self-indulgent behaviour ..."
"Mr Keating both in and out of the classroom encouraged Mr Perry to follow his obsession with acting when he knew all along it was against the explicit orders of Neil's parents ..."
"It was Mr Keating's blatant abuse of his position as teacher that led directly to Neil Perry's death ..."

These are quotes from the scene you just saw. In this scene at a school the headmaster interviews Todd, a student at the school. Todd's parents are also present.

- *Try to work out the reason for the interview.*
- *Discuss Todd's personality. What is he like?*
- *Would you have reacted in the same way as Todd?*
- *How would you have responded to the comments above from the headmaster?*
- *Now discuss how you think Todd would react in these situations. Choose one (or two):*

A A mugger threatens him with a knife in a deserted street.

B He is walking home at night and sees a girl crying on a park bench.

C He sees a man hitting a woman in a street. Other people are ignoring them.

D He sees an obviously rich person drop some money and walk on without realising.

E At a discotheque an attractive girl he doesn't know asks him for a light.

F He is in a doctor's waiting room. The receptionist goes out and the phone rings and keeps on ringing.

G He witnesses a traffic accident in which the two drivers start a fight.

H His best friend's girlfriend confesses to him that she is in love with him (Todd).

I Drugs are discovered in the room he shares with another student. He knows they belong to the other student, but the headmaster accuses him.

J A robbery is committed. He can see where the robber is hiding from the police and the robber can see him.

A good fit

You are going to see six scenes from a film which tells the story of the relationship between a deaf and dumb girl and a teacher of deaf and dumb children.

The relationship has its ups and downs. The girl rejects the teacher when he tries to persuade her to learn to speak **❶**. *When he finally invites her out on a date she accepts* **❷** *and after some problems he realises he loves her and declares his love* **❸**, *which she finally accepts. He later persuades her to give up her cleaning job at the school and to move in with him* **❹**. *At first they are happy, but after meeting an old deaf and dumb friend who has become successful, she realises she is not achieving her potential* **❺** *and leaves him. Finally they meet again at a school party and decide to get back together again* **❻**.

● *Look at the following sentences from each of the six scenes and decide which one they belong to.*

A I'm not going away.
I did the wrong thing, I'm sorry.
You are the most mysterious, beautiful, angry person I have ever met.

B What the hell is wrong with you tonight?
Let's crawl under the covers and pretend we're in some romantic, distant place.
What is making you so miserable?
You think that I want you to speak.
Who the hell are you?

C Careful, you almost smiled.
I will whisper your name.

D When did you graduate?
Are you reading my lips?
You don't want to speak.

E Do you think that we could find a place where we can meet, not in silence and not in sound?

F I don't hate you for not learning how to speak.
Screw your job, I've got mine.
You can do whatever you want.

● *Now look at these six sentences and decide in which sequence of the film they belong.*

1 ☐ You'll need some clothes.

2 ☐ I don't know what to say, tell me what to say.

3 ☐ How about common courtesy?

4 ☐ I don't want to be without you either.

5 ☐ If my jokes are terrible and my signing is boring, what are you doing here?

6 ☐ You can't start a bonfire and then run away.

● *Watch the six scenes again and find out if you were right.*

What is it?

WS 3

● *Look at these quotes from a film sequence.*
What do you think the people are talking about?

1 ... you want to get <u>it</u> fixed ...

2 ... <u>it</u>'ll go on forever.

3 ... <u>that</u> would at least constitute some sort of start.

4 ... <u>that</u>'s just me real name.

5 Haven't you read <u>it</u>?

6 Do you mind me using words like <u>that</u>?

7 I do <u>it</u> to shock <u>them</u> sometimes.

8 It's all pass the fucking pheasant with <u>them</u>.

9 Do you want <u>one</u>?

10 ... everyone expects <u>it</u>.

11 ... <u>it</u>'s a form of rhyme.

12 I've never actually thought about <u>it</u> like <u>that</u>.

13 I sometimes get the urge to throw something through <u>it</u>.

14 You've got to do <u>it</u> from the inside.

15 ... <u>it</u> is not good enough for you.

16 I will arrange <u>one</u> for you.

Almost there

WS 4

"You can't do this .... , it's your ...."

"I can. I just need your .... It says in the

...."

"Well, you bloody well can't have it. You're alright, love, it's sorted."

"It's my .... I want it. A .... please."

"When you're .... you can walk in and get it yourself, can't you."

"You said you'd get it back."

"I know, but you don't want to listen to what I say."

"You said so. I believe you."

"You do?"

"Yeah."

"Blimey Nath."

● *Look at this dialogue from a film. Some of the most important words are missing. Try to work out what is happening in the scene and guess what the missing words might be.*

Better all the time

WS 5

For many years now I've lived among you as a stranger. I've seen the waste of your many efforts, I've felt great surprise in your magnificent accomplishments. I've also seen the inefficiency of your solutions.
As of today I'm not a visitor anymore, because this is my home too.
We can't live together, and I can't stand idly by and watch us stumble into the uncertainty of new adventures. And so I've come to a decision. I'm going to do what our forefathers have been unwilling or unable to do.
Effective immediately, I'm going to rid our houses of all unwanted visitors.

● *Who do you think might be speaking and where? Why do you think so?*
● *There are some mistakes in this monologue. Can you spot them?*

Reading to see

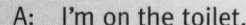

A: I'm on the toilet.
B: I can wait.
A: What happened to the telephone?
C: He's a law unto himself.
D: Father? Don't get him excited; he has trouble with his waterworks.
E: There's nothing here.
B: Come out.
C: Dear O dear O dear O dear!
D: Put a bit of something under that! Grease'll go all over your uniform. Your mum'll go pop!
E: Mrs Metcalf?
D: What?
E: Are you wanting that banana?
D: I am love, I'm planning a trifle.
F: Your Mum feels cold.
D: It's not surprising, she died in 1937. Can you manage that. Oh, see. Downstairs!

This is the dialogue from a scene you are going to see.

● *Read the dialogue, then discuss and write down what you think is happening in the scene.*

Think about:
▶ *what kind of people are speaking*
▶ *where you think they are*
▶ *what you think each one is doing*
▶ *what their relationships are with each other*
▶ *if they are male or female*
▶ *what the mood and attitude of each one is*
▶ *how much authority each person has in relation to the others*
▶ *who each statement or part of a statement is addressed to*

● *When you have answered the questions, write the stage directions for the dialogue.*

● *Finally, watch the scene and compare your results.*

Imagine no possessions

Here is the letter that the soldier writes to his mother.
Many of the nouns are missing.
Would any of the nouns you thought of fit in here?

Mother,

I used to live in this room. All my things are here, all my _____,

my beloved _____ .

But they no longer speak to me as they used to for I am no longer what

I was when I lived in this room.

I am a _____ . My business is not _____,

it is _____ . My knowledge of _____

is limited to _____ and I know now I should never have

come back here. Out there all _____ think as I do.

There is no argument about the _____ of _____

_____ , because it has no _____ .

My _____ at the front are the only _____

I know. They are my _____ , my _____,

my _____ .

I depend on them, and I depend on nothing else.

Mother, it's a terrible thing to say, but I feel I am now going back to my real

_____ ...

VI Schreibanlässe
Imagine ...

Filme erzählen immer Geschichten und Geschichten kann man immer verändern. Bei großen Produktionen werden viele Szenen meist mehr als einmal gedreht und erst am Schneidetisch entscheiden Regisseur und Cutterin, welche in die Kinos kommt.

Für die Zweitvermarktung werden Filme erneut umgeschnitten und für die Zielgruppe maßgeschneidert. Als Passagier eines Verkehrsflugzeuges oder an Bord eines Zuges bekommen Sie harmlose und immer jugendfreie Varianten der Kassenknüller angeboten, fürs Fernsehen werden opulente Streifen zeitlich gekürzt, damit sie in Programm- und Werbeschemata passen. Bei Fernsehfilmen und *soap operas* werden Spannungsbögen so angelegt, dass Handlungen mit einer spannenden Szene, einem *cliff hanger* enden, deren Auflösung erst nach einer Werbeunterbrechung erfolgt. In all diesen Fällen wird in die Erzählhandlung eingegriffen, werden Geschichten verändert.

soap operas

cliff hanger

Sie können S dieselbe Aufgabe stellen und sie Filmautoren sein lassen. Filme werden besser verstanden und intensiver wahrgenommen, Produktionsmuster und Machart genauer erkannt, wenn S selbst filmschaffend tätig werden können.

Produktionsaufträge knüpfen an ihr Weltwissen, ihre Emotionen, Ideen, Vorlieben und das Wertempfinden an, denn beim Schreiben aktivieren die S ihr Vorstellungsvermögen, bringen Elemente ihrer individuellen Vorerfahrung ein und fügen sie in eine äußere Form. Die Vorlage des Films im Video dient als Grundlage für eigene Entwürfe. Die S als Produzenten stellen ihre Ergebnisse im Team anderen Schülergruppen oder der Klasse vor, begründen und verteidigen sie oder müssen sie überdenken und revidieren. Nicht zuletzt fördert *creative writing* die Arbeitshaltung unserer S, denn gezielte Schreibaufträge verlangen ihnen Selbstdisziplin und die Fähigkeit zur Teamarbeit ab.
Die beim Fremdsprachenlernen immer zu beobachtende Diskrepanz zwischen passiver und aktiver linguistischer Kompetenz kann durch kreatives Schreiben verringert werden. Ohne Zeitnot können S sich mit dem Filmmaterial inhaltlich und formal auseinandersetzen, ihre Ergebnisse nach reiflicher Überlegung mit Mitschülern diskutieren. Sprachprodukte werden im Team vorkorrigiert, dabei stehen Wörterbuch und Grammatik zur Konsultation bereit. Die Resultate sind in jedem Fall vorzeigbar, die S können sich mit ihren Texten identifizieren, ihre Lernerfolge werden an den Produkten deutlich.

Ein verbessertes Sprachgefühl, erweitertes Vokabular, mehr Sicherheit bei der Grammatik, verbunden mit einer gründlichen Reflexion über das zu Sagende oder zu Schreibende, führen zu mehr Selbstvertrauen. Die S erzielen eine generell höhere Kompetenz im Umgang (nicht nur) mit Filmen und sie werden motiviert, bereits erlangte sprachliche und interpretatorische Fähigkeiten auszubauen. Filme sind multidimensional, vielschichtig und offen, gerade deshalb brauchen S flexible Zugänge, die ihre Kreativität und Imagination fordern und fördern. Durch Gedankenspiele lassen sich die Autoren locken, für das Produkt tragen sie selbst die Verantwortung.

Activity 1   **Eingriffe**   *The story within the story*

Jede Film-Geschichte hat ihre Hauptfiguren und wichtige Handlungsstränge. Um die Hauptpersonen herum agieren weniger prominente Personen in untergeordneten Nebenhandlungen. Charaktere und Situationen bleiben oft vage, sie mit Leben zu erfüllen, bleibt der Vorstellungskraft des Zuschauers überlassen.

In **Goodbye, Mr Chips** verfolgen wir beispielsweise das Leben des gleichnamigen Lehrers an einer renommierten englischen Privatschule. An drei Stellen beleuchtet der Film auch das Verhältnis der beiden Nebencharaktere Peter Collie und Perkins. In der ersten Szene (1:17:00) treffen die beiden erstmalig aufeinander und kämpfen miteinander, bis Mr Chips sie trennt, in der zweiten (1:29:00) ziehen sie zusammen in den ersten Weltkrieg, in der dritten (1:37:00) erfahren wir, wie sie dort gemeinsam den Tod fanden.

Aus den Szenen kann man einiges über das Verhältnis der Männer zueinander ablesen, Veränderungen über die Jahre lassen sich erschließen:

- L fordert die S auf, eine Definition des Wortes *friendship* aufzuschreiben. Die Antworten werden an der Tafel oder auf Folie gesammelt, sprachlich verbessert, inhaltlich verglichen und besprochen. Aus der Summe der Angebote formuliert die Klasse gemeinsam eine oder mehrere Definitionen (Wandposter).
- In einem zweiten Schritt sammeln die S in kleinen Gruppen die Attribute, die für gewöhnlich einem guten Freund zugeschrieben werden. Die Stellungnahmen werden wie zuvor gesichtet und unter Stichworten geordnet.
- L spielt die ersten beiden Videosequenzen (**Goodbye, Mr Chips**, 1:17:00 und 1:29:00) der Klasse vor und weist auf die unterschiedlichen sozialen Hintergründe der jungen Männer hin, die an Sprachstil und Ausdrucksvermögen ablesbar sind.

- S stellen im Unterrichtsgespräch oder schriftlich Vermutungen darüber an, wie sich das Verhältnis der beiden weiterentwickeln könnte. L sammelt und korrigiert die Schülerarbeiten sprachlich. Identische Lösungsansätze oder besonders divergierende werden der ganzen Klasse vorgestellt, verglichen und diskutiert.
- L zeigt den dritten Ausschnitt (**Goodbye, Mr Chips,** 1:37:00).
- Die S haben nun als Ausgangspunkt für eine *creative writing task* suggestives und provokantes Videomaterial, denn der untergeordnete Handlungsstrang verschafft dem Film einige seiner stärksten Momente.

Folgende Schreibaufträge wären denkbar:

- Tagebuchauszüge von Peter Collie und Perkins am Tag ihres ersten Treffens
- Briefe beider an einen Freund, in dem sie ein Jahr nach dem Konflikt bei ihrem ersten Zusammentreffen die mittlerweile gewachsene Freundschaft reflektieren
- Dialog im Wirtshaus, in dem jemand in Perkins Beisein die Collie-Familie beleidigt und attackiert
- Gespräch: Collie bietet Perkins den Posten als Schlagmann *(batsman)* beim Baseball an
- Briefe beider von der Front nach Hause, in dem der Freund Erwähnung findet
- Predigt eines Vikars bei der Bestattung oder bei einem Erinnerungsgottesdienst für die beiden Männer
- Todesanzeige für beide Männer
- Todesanzeigen für Collie und für Perkins
- Grabinschriften für beide Männer
- Brief eines militärischen Vorgesetzten, in dem er den Eltern eines der jungen Männer sein Mitgefühl ausdrückt und über die Umstände des Todes berichtet

---

Lernniveau ab Mittelstufe

Sprache formelle und informelle Stilarten des Schreibens und Sprechens
Tagebucheintrag verfassen
Brief schreiben
Rede entwerfen
Dialogstrukturen
Adjektive und Adverbien
indirekte Rede

Vorbereitung Damit sich die S mit Nebenfiguren gut identifizieren können, brauchen sie ausreichende Informationen über

142

deren Lebensumstände. Als Leerstellen bleiben dabei logischerweise die Bereiche ausgespart, die die S selbst durch ihren Schreibauftrag mit Leben erfüllen sollen. Dabei können sie innerhalb des gesetzten Rahmens Dinge erfinden und Personen oder Sachverhalte kreativ ausschmücken oder neu hinzufügen.

Varianten

🔲 Die Schüler erhalten den Auftrag, ein schriftliches Dokument zu formulieren, das im Film zwar erwähnt wird, dort aber nie auftaucht. Das kann eine Suchmeldung sein, ein *wanted poster*, eine E-mail, ein Brief, ein Zeitungsartikel, ein Buchausschnitt ....

🔲 Ein Ereignis des Films wird im Medientransfer zu einer Radio- oder Fernsehmeldung, einem Zeitungsbericht, einem Tagebucheintrag oder einem Bericht im Brief umformuliert. Am Ende des Streifens **Forrest Gump** (2:05:00) legt der Titelheld seiner Frau einen Brief ihres Sohnes auf das Grab. Es bleibt der Phantasie des Zuschauers überlassen, was sein Inhalt sein könnte. Vorher (1:03:00) hält Forrest eine Rede über den Vietnam-Krieg. Da die Mikrophone abgestellt wurden, kann man ihn nicht hören. Dennoch wird deutlich, wie bewegend die Rede sein muss.

🔲 Viele Szenen und Dialoge sind nur begrenzte Ausschnitte der Ereignisse, von denen wir wissen – oder zu wissen glauben –, dass sie sich im Film tatsächlich ereignet haben. Auch diese Leerstellen verlangen geradezu danach, ausgefüllt zu werden. Ein schönes Beispiel dafür ist Forrest Gumps Gespräch mit John Lennon (1:10:00). Daher, so können wir beobachten, hat Lennon die Ideen für sein Lied „Imagine".

🔲 Oft bleiben Monologe, Beschimpfungen oder Hasstiraden in Filmen unbeantwortet. Ob S ihnen zustimmen oder nicht, können sie aus Form und Inhalt einer Erwiderung erkennen lassen. Aus der Sicht einer der Figuren des Films oder als Außenstehender formulieren sie eine Antwort. In **Forrest Gump** (1:13:00) greift Lieutenant Dan Glaube und Religion an. Was er bei seiner Attacke noch nicht weiß, ist dem Zuschauer bereits bekannt: Forrests bemerkenswert schlichter Glaube an Gott.

🔲 Was hätte ich denn an ihrer oder seiner Stelle gesagt? Oft reagieren und antworten Filmhelden aus unserer Sicht falsch oder unangemessen. Aus mancherlei Gründen hätten sie ihre Positionen besser darstellen können: eine Aufgabe, die S für sie übernehmen können.

WS 1   *If only I'd said* **(Forrest Gump)**
WS 2   *Who better than I myself?* **(Kindergarten Cop)**
WS 3   *Putting on the style* **(Rocky IV)**

🔲 Als weiteres Beispiel kann Piggys letzte Rede aus **Lord of the Flies**

(1:13:00) dienen. Er appelliert an die anderen, doch vernünftig und verantwortungsvoll zu handeln:

> *"Please, this is serious. What I want to say is: If we don't get rescued you might have to live here for a long time, maybe the rest of our lives. We all have something to do, so we can't go on acting like kids, we've got to be sensible and make this work."*

Piggy erreicht sein Ziel nicht, zahlt gar mit dem Leben. Die S erhalten Gelegenheit, die Rede überlegter auf die Zielgruppe abzustimmen und deren Befindlichkeit mehr in Betracht zu ziehen. Sie sollten dabei unter anderen folgende Punkte alle einbeziehen:
– Hinweise auf ihre gemeinsame Vergangenheit
– Belohnung für gutes Verhalten
– Die Vorteile von Solidarität und Kooperation
– Die Nachteile des hierarchischen Systems, für das Jack steht
– Der Wert des Humors.
Die Rede sollte kurz und so direkt wie möglich sein. Der mörderische Felsbrocken kann jeden Moment fallen!

🎞️ Manche Ereignisse werden in Filmen aus der Sicht nur einer Person beschrieben. Der Zuschauer kann aus seiner eigenen Perspektive die Dinge nachvollziehen oder ihnen aber widersprechen. In jedem Fall wird er zur Stellungnahme eingeladen.
Als Alternative kommt die Perspektive einer weiteren an der Szene beteiligten Filmperson in Frage.

WS 4   *I read the news today **(Forrest Gump)***

🎞️ Reden mit typischen rhetorischen Mitteln, Schlüsselwörtern und Phrasen finden sich in vielen Filmen. Stilelemente daraus lassen sich auf andere Redeanlässe und Themen übertragen.

WS 5   *Do put words in my mouth! **(Philadelphia)***

Projekte und Aktivitäten

🎞️ Die S sehen ohne Ton eine Rede, lernen dabei unter anderem den Redner, die Zuhörer, den Handlungsort und vielleicht auch die Stimmung kennen. Mithilfe dieser nichttextlichen Informationen schreiben sie die Rede und vergleichen sie mit dem Original des Films.

🎞️ Anlass und Inhalt der Rede kann L auch für die Klasse skizzieren, dann wird selbst das Betrachten des Videos ohne Ton entbehrlich.

🎞️ S erhalten Sätze oder Abschnitte des Redetextes in Einzelteile zerschnitten. Sie versuchen, die logische Sequenz der Rede zu rekonstruieren. Zum Beispiel sehen und hören wir am Anfang von The Full Monty (0:00:00) einen älteren Dokumentarfilm über Sheffield, der die Fortschritte und Errungenschaften der Stadt preist.

WS 6   *... All shook up* **(The Full Monty)**

◄▌▌► Eine Rede lässt sich durch Einfügen von Fragen und Antworten leicht in einen Dialog umformen.

WS 7   *Two can play* **(Forrest Gump)**

Activity 2   **Fortsetzung**   *The story after the story*

offener Schluss   Viele Spielfilme enden mit einem offenen Schluss. Die Helden finden zueinander und werden ihren Lebensweg von nun an gemeinsam gehen. Wie die Zukunft für sie aussieht, bleibt dem Betrachter jedoch verborgen. In anderen Filmen wiederum gehen die Protagonisten auseinander und es bleibt fraglich, ob sie sich jemals wiedersehen werden - und falls ja, unter welchen Umständen. Sind die S nach einer unterrichtlichen Behandlung mit einem Streifen vertraut oder haben sie gar die Textvorlage gelesen, Dabei bietet sich eine kreative Fortführung im Gedankenspiel geradezu an. Dort können sie ihre Erkenntnisse einbringen, ihre persönliche Sicht des Films darlegen.

In direktem Anschluss an die letzte Szene, wenn Erinnerung und Emotionen noch ganz frisch sind, lassen sich schöne Schreib- und Redeanlässe zur Aus- und Bewertung formulieren:

Standbild   ● Die allerletzte Szene wird als Standbild projiziert und von den S mit Gedankenblasen versehen. Sie geben die Gedanken der Protagonisten wieder.
Wegen der elektrischen Aufladung haftet Schreibpapier ohne Hilfsmittel auf dem Bildschirm.
● Jeder Darsteller, der auf dem Standbild zu sehen ist, hat einen Wunsch, ein Stoßgebet, einen Seufzer, einen Hilfeschrei oder einen Telefonanruf seiner Wahl frei.
● Jeder Schauspieler darf nach der Art der *famous last words* noch einen einzigen Satz sagen, der nicht im Drehbuch steht.
● Jede Person leistet einer anderen einen Schwur.
● In einem letzten Rückblick überlegen sich die Helden, was denn gewesen wäre, wenn ...

Dann bietet es sich an, den Film hinter sich zu lassen und im Medientransfer Abstand von der Vorlage zu gewinnen. Die S können beispielsweise ihre Eindrücke umsetzen, indem sie

- ein Werbeplakat zum Film entwerfen
- eine oder mehrere Schlüsselszenen in Comics verarbeiten
- ein Wende- oder Höhepunkt als Cartoon darstellen
- auf einer Wandzeitung selbst gefertigte Texte, Bilder und Graphiken sammeln
- eine Collage anfertigen
- Werbefotos für den Film mit Sprech- und Gedankenblasen versehen

treatment
- das *treatment* oder Drehbuch für einen fünfminütigen Kurzfilm gleichen Inhalts und gleicher Thematik entwerfen

trailer
- einen Werbefilm oder Vorspann *(trailer)* planen

Standfoto/still
- Szenen nachstellen und als Standfotos *(stills)* schießen, um sie mit Kommentaren zu versehen
- Schlüsselszenen für eine neue Zielgruppe (z.B. eine andere Altersgruppe) entwickeln und spielen
- denkbare Szenen für eine Fortsetzung des Films im Rollenspiel improvisieren (wie sehen die Figuren fünf Jahre später aus, wie handeln sie nun, wie gehen sie miteinander um?)
- eine Pressekonferenz zur Uraufführung des Streifens in ihrer Stadt organisieren und spielen
- sich in die Rolle von Regisseur, Schauspielern usw. begeben und sie in einem Radiointerview darstellen
- Musikstücke für eine mögliche Fortsetzung des Films aussuchen

Rein textorientierte Arbeiten greifen Ideen aus dem Film auf, verfolgen und konkretisieren sie, neue Produkte entstehen:

- Eine Filmkritik wird für die Schülerzeitung oder einen Projektbericht geschrieben.
- Ein Einspalter wirbt in der Fernsehzeitschrift.
- Ein Programmheft zum Film umreißt verschiedene Aspekte zu Inhalt, Thema, Schauspielern, Machart, Musik usw.
- Ein kommentierendes Radioprogramm zum Film entsteht.
- Eine Postkarte an einen Freund gibt den Inhalt in exakt 50 Wörtern wieder.
- Ein Tagebucheintrag hält Emotionen und Impressionen eines imaginären Zuschauers fest.
- Der mitreißendste, schönste, traurigste, bewegendste ... Moment des Films wird beschrieben.
- Die Botschaft des Films wird als Moral formuliert.
- Der Film wird zur Kurzgeschichte oder zum Gedicht umgeschrieben.
- Ein Polizeibericht oder eine Rundfunkreportage berichten von den Ereignissen und der Reaktion des Publikums bei einer imaginären Uraufführung.
- Betroffene Zuschauer diskutieren in einer Talkshow über ihre Empfindungen während des Kinobesuchs und Erlebnisse nach dem Film.

An konkreten Filmbeispielen lassen sich weitere Möglichkeiten für kreative Schreibaufgaben aufzeigen:

- Nach fünf Jahren meldet sich die Studentin aus **Educating Rita** bei Frank, ihrem ehemaligen Lehrer. Sie schreibt ihm einen Brief nach Australien, in dem sie ausführlich über ihr Leben nach der Ausbildung an der Open University erzählt.
  L kann Hilfestellung leisten, indem die S im Tafelanschrieb eine Liste erhalten oder selbst einen Fragenkatalog erarbeiten:

  1. Wie sieht Rita heute aus, wie kleidet sie sich, welche Frisur trägt sie?
  2. Welches Auto fährt sie?
  3. Wie sieht ihre Wohnung aus?
  4. Mit wem lebt sie zusammen?
  5. Hat sie Kinder?
  6. Wer sind ihre Freunde und Bekannte?
  7. Hält sie den Kontakt zu Denny und der Familie?
  8. Womit verdient sie sich ihren Lebensunterhalt?
  9. Was macht sie in ihrer Freizeit?
  10. Wo verbringt sie für gewöhnlich ihren Urlaub?
  11. Bildet sie sich weiter?
  12. Beabsichtigt sie, Frank zu besuchen?

- Ingrid Bergman verlässt Casablanca mit ihrem Ehemann. Sie schickt Humphrey Bogart nach ihrer Ankunft in den USA eine Postkarte, um ihm von der Reise und den ersten Erlebnissen in der Neuen Welt zu berichten.

- Am Ende des Films **Lord of the Flies** werden die Kinder durch die Besatzung eines Marineschiffes gerettet. An Bord findet eine Untersuchung der Vorgänge auf der Insel statt, die Todesfälle werden dabei genau unter die Lupe genommen. In einem Rollenspiel bereiten die S die Aussagen der von ihnen gespielten Personen vor. Vor einem Tribunal erläutern, begründen und rechtfertigen sie ihr Handeln.

- In der vorletzten Szene von **Brassed Off** liegen sich Gloria und ihr Freund auf dem offenen Oberdeck eines Londoner *double-deckers* in den Armen. Sie sind glücklich, denn ihr Blasorchester hat den nationalen Musikwettstreit der *brass bands* gewonnen, sie haben endgültig zueinander gefunden und gestehen sich ihre Liebe. Ihre Zukunft sieht jedoch gar nicht rosig aus, beide sind jetzt ohne Arbeit und Gloria hat ihr letztes Geld in die Band investiert. Folgende Arbeitsaufträge bieten sich an:

  1. Dialog: Wo sind Gloria und ihr Freund und worüber reden sie am

Morgen nach dem triumphalen Sieg?

2. Ideenliste: Welche Pläne schmieden sie für die nächsten Tage? Wie gehen sie die gemeinsame Zukunft an?

3 Zeitungsbericht: Wie reagiert die Presse auf Dannys Vorwürfe nach dem Konzert?

4. Ärztliches Gutachten: Wie geht es gesundheitlich mit dem Bandleader Danny weiter?

5. Regierungserklärung (schwierig, nur nach unterrichtlicher Vertiefung des Themas): Mit welchen Argumenten könnte die Regierung Margaret Thatchers auf die Kritik am Zechensterben reagiert haben?

● In Nick Hornbys **High Fidelity** bewerten die Mitarbeiter eines Plattenladens alles und jeden streng nach Prioritäten und sortieren die Dinge des Lebens in *ranking lists*. Die S können sich solche *top ten-* *top five-* oder *top three-*Hitlisten selbst ausdenken und einzeln oder im Klassenverband mit Inhalten füllen:

Die drei angenehmsten Unterrichtsfächer
Die fünf unbeliebtesten Hausaufgaben
Die zehn nettesten Kinder der Schule (Wahl muss begründet werden)
Drei Lieblingslehrer
Zehn Dinge, die sie ihren Eltern nie verraten würden

● Die umschwärmte Schauspielerin Julia Roberts und der Buchhändler Hugh Grant finden nach Irrungen und Wirrungen in **Notting Hill** zusammen. Die S entwerfen ihren Alltag in einem Tagesablauf, Jahre nach dem Beginn ihrer Zweisamkeit. Dabei können sie unter anderen auf folgende Fragen eingehen:
Sind die beiden noch zusammen?
Haben sie Kinder?
Hat einer von beiden den Beruf gewechselt?
Wie sieht ihre finanzielle Situation aus?
Wer sind ihre Freunde?

Die Partner-Thematik kann auch in der Arbeit mit Filmen wie **Out of Africa, The Horse Whisperer, The Bodyguard, Shakespeare in Love, City of Angels** und vielen anderen fortgeführt werden.

Activity 3 **Diktat und Grammatik**
The Great Dictator – No one said it was all going to be fun

Grammatik, Vokabelarbeit und dazu gehörige „Drillübungen" sind eher den wenig attraktiven und deshalb auch ungeliebten Bereichen des Fremdsprachenlernens zuzurechnen. Trotzdem – oder vielleicht gerade deshalb – können wir uns darum bemühen, ihnen durch das Medium Video ein höheres Maß an Attraktivität und damit größere Aufmerksamkeit vonseiten der Schüler zukommen zu lassen. Grammatik- und „Drillanteile" lassen sich oft sogar beinahe unbemerkt in andere Übungen integrieren.

Die folgende Aufgabe ist eigentlich ein Diktat, denn sie besteht aus einem Lückentext, dessen fehlende Teile nach einer Hörverstehensphase ergänzt werden müssen. Damit unterscheidet sie sich ihrem Typ nach zunächst nicht von ähnlichen Aufgaben des schulischen Alltags.

Wenn die S jedoch vorab Gelegenheit haben, durch eine Videosequenz ohne Ton Einblick in den visuellen Kontext des Gesprochenen zu gewinnen, erhält die Aufgabe eine neue Richtung. Die S können Vermutungen über den Zusammenhang von Bild und Ton anstellen, Inhalte des Textes und die Befindlichkeit der Sprecher zumindest teilweise erahnen. Zudem erhalten sie durch das WS ein Textgerüst mit Informationen zur Satzstruktur.

- L spielt den S eine Videosequenz vor. In unserem Beispiel handelt es sich um **Forrest Gump** (2:02:00). In ihr betritt Forrest Jennys Schlafzimmer. Sie fragt ihn, ob er im Vietnamkrieg Angst gehabt hätte.

TIPP

Da in dem Ausschnitt Bild und Ton miteinander eng verschränkt sind, bietet es sich an, ihn zunächst einmal ohne Ton abzuspielen.

- Die S sammeln an der Tafel die Vokabeln, die sie zu hören erwarten. Im Klassen- oder Gruppengespräch erstellen sie eine *top ten*-Liste der wahrscheinlichsten Wörter.

- Nach dem zweiten Vorspielen ohne Ton bestimmen die S exakte Stellen, an denen die 10 Begriffe vermutlich vorkommen.

- Danach verteilt L den Lückentext und bittet die S, ihn aus dem Gedächtnis, nach Intuition, nach ihrem inhaltlichen Vorwissen oder nach grammatikalischen Gesichtspunkten mit einem Bleistift auszufüllen. Die S sollen die Lücken in Beziehung zu den anderen Parametern setzen, über die sie verfügen *(intelligent guessing)*. Es kann jedoch nicht erwartet werden, dass alle Lücken gefüllt werden können!

Um den S die Aufgabe zu erleichtern, kann auch jeweils ein Strich in der Lücke für einen fehlenden Buchstaben stehen.

- L spielt das Videoband mit Ton, dabei füllen die S noch offene Lücken.

● Je nach Bedarf wird die Sequenz einmal oder mehrmals wiederholt, bis alle S ihre WS ausgefüllt haben.

Tom Hanks ist *Forrest Gump*

WS 8	*Mind the gap* **(Forrest Gump)** (2:02:00)

Lernniveau grundsätzlich alle Stufen; Voraussetzung: die Auswahl einer Videosequenz entsprechend dem Leistungsstand der Klasse und dem Unterrichtsziel.

Sprache Hörverstehen
Rechtschreibung
sinnrichtige Sprachproduktion innerhalb eines vorgegebenen grammatikalischen Kontextes
inferring
intelligent guessing

Vorbereitung

Der wesentliche Teil der Vorbereitung liegt in der geschickten Auswahl einer Videosequenz, die den sprachlichen Fertigkeiten der Klasse angemessen ist und deren Inhalt sie interessieren könnte.
Die Transkription des Textes und die Festlegung der Lücken auf dem WS nehmen etwas Zeit in Anspruch. L legt fest, ob alle Leerstellen gleich groß sein sollen oder ob die S zusätzliche Hilfestellung erhalten, indem pro fehlendem Buchstaben ein Strich im WS auftaucht (wie im Spiel *hangman*).

Als Alternative bietet es sich an, das Diktat in zwei Teilen zu präsentieren:
- Statt den S ein WS zu geben, diktiert L vor dem ersten Betrachten des Videos den Rumpftext einschließlich der Lücken.
- Nach dem Betrachten des Videos (erst ohne Ton, dann einmal oder mehrmals mit Ton) füllen S die leeren Stellen aus.

Varianten

🔊 L kann den Originaltext auf vielfältige Art und Weise manipulieren, um die Aufgabe für höhere und leistungsstärkere Klassen zu erschweren.

Dann sieht das WS möglicherweise so aus:

- In Sätze oder Satzteile werden sprachliche oder inhaltliche Fehler eingebaut.
- Wörter oder Textteile fehlen.
- Richtige Inhalte sind sprachlich anders formuliert als im Original.
- Auf dem WS finden sich Satzteile und Sätze, die im Video gar nicht vorkommen oder dem Original nur ähnlich sind.

🔊 Hier nun eine traditionelle mündliche Drillübung zu *reported speech*, die durch das Medium Video aufgewertet und interessanter wird:

Die S sehen im Filmausschnitt einen Dialog.

L und S beschreiben zunächst im lehrerzentrierten Unterrichtsgespräch die Szene. L kann an dieser Stelle bereits Elemente der *reported speech* selbst verwenden und den S abverlangen.

S erhalten eine Textversion in indirekter Rede, die einige inhaltliche Ungenauigkeiten enthält. Ihr Auftrag ist es, die ursprüngliche Textvariante wieder herzustellen und die Textvorlage in die indirekte Rede umzuformulieren.

S sollen auf spezifische Details achten, das Gehörte interpretieren, um es in das Filmgeschehen einzuordnen. Dabei üben sie *reported speech*. Unser Beispiel dafür stammt aus *Dirty Rotten Scoundrels* (8:oo). Die Szene beginnt, wenn Steve Martin den Speisewagen des Zuges betritt. Sie ist leicht verständlich und humorvoll. (Siehe dazu auch Projekte und Aktivitäten).

WS 9   *Indirectly speaking **(Dirty Rotten Scoundrels)***

Schlüsselsatz   🔊 Gelegentlich wird in einem Film ein Schlüsselsatz mehrfach wiederholt. Ihn herauszuhören, ist Aufgabe der S.

In *Field of Dreams* (4:oo) hört Kevin Costner einen Geist, der im Film insgesamt sieben Mal den gleichen Satz spricht:

„-- --- ----- --, -- ---- ----".

(Lösung: *If you build it, he will come*).

L malt wie beim Spiel *hangman* einen Strich für jeden fehlenden Buchstaben an die Tafel, zwischen zwei Wörtern lässt er eine Lücke. Ein schöner Einstieg für weitere Übungen mit Bedingungssätzen.

📼 In Monologen oder Dialogen werden manchmal Schlüsselwörter oder -strukturen häufiger verwendet. So findet sich bei **Forrest Gump** (2:02:00, vgl. den Lückentext, WS 8) dreimal das Wort *like*.
Die S erhalten bei dieser Variante den fast kompletten Text, in dem nur noch dieser eine Begriff fehlt.
Die S sehen und hören den Ausschnitt und markieren auf dem WS die entsprechenden Einsatzstellen mit einem Kreuz. Eine Analyse und Interpretation der Funktion und Wirkungsweise des *lexical items* rundet die Aufgabe ab.

📼 S arbeiten als Paare. Partner A erhält auf einem WS eine Hälfte eines Filmdialogs, Partner B die andere. Die Partner sollten so sitzen, dass sie keine Einsicht in das Arbeitsblatt des anderen nehmen können. Nachdem jeder S für sich spekuliert hat, wie die fehlenden Teile aussehen könnten, sehen sie den Filmausschnitt gemeinsam, bei Bedarf und abhängig von der Leistungsstärke der Klasse auch mehrfach. Danach ergänzen und rekonstruieren sie aus der Erinnerung möglichst korrekt das gesamte Gespräch. Den Dialog lesen sie ihrem Partner komplett vor, dieser bestätigt, korrigiert oder ergänzt das Ergebnis.
Unser Beispiel aus **Being There** (32:30) mit Peter Sellers hat sich als sehr witzige Aufgabe bewährt. Die beiden Männer im Fahrstuhl reden über völlig verschiedene Dinge. A spricht über den Lift, B dagegen bezieht sich auf den Rollstuhl, in dem A sitzt. Der Film ist gespickt mit ähnlichen Missverständnissen, daraus bezieht er seinen besonderen Charme.

WS 10 A/B   *You scratch my back* **(Being There)**

📼 Eine kleine Reihe kurzer Ausschnitte aus einem oder mehreren Filmen, die nicht notwendigerweise in einem Zusammenhang stehen müssen, werden den S vorgespielt.
Während und nach einer zweiten Präsentation sollen sie möglichst viele Sätze, Satzteile und Einzelwörter aufschreiben, die sie hören.
Im Anschluss daran werden sie auf einem Arbeitsblatt mit den Sätzen in einer neuen Ordnung und Abfolge konfrontiert. Ziel ist es, die gehörte und gesehene Reihenfolge wieder herzustellen.
Die Ergebnisse können beim erneuten Abspielen der Sequenzen von den S selbst kontrolliert werden.

WS 11   *Catch the wind* **(Rebel without a Cause)**

Sollte das Videoband zu häufig vor- oder zurückgespult werden, besteht natürlich die Gefahr, die Dynamik der Übung zu verlieren. Deshalb schneidet L zur Vorbereitung der Aufgabe bereits vorab die Einzelszenen aneinander. Es bietet sich auch an, Sequenzen verschiedener Filme einzusetzen, die vielleicht den selben Schauspieler, ein ähnliches Thema oder eine vergleichbare Situation gemeinsam haben.

Projekte und Aktivitäten

 Wenn S zu Hause oder in der Schule englische oder amerikanische Filme sehen, kommt es sicherlich immer wieder vor, dass sie bestimmte Passagen sprachlich nicht ganz verstehen. Solche Ausschnitte können als Herausforderung für Diktate angenommen werden. Werden sie mehrfach vorgespielt, erkennen die S, dass bei jeder Neubeschäftigung, bei jeder weiteren Anstrengung mit der Materie ihr Verständnis wächst.

◁■▷ S sehen sich zu Hause einen Videofilm an und studieren – mit Textvorlage oder ohne – die Dialoge. Sie verändern Teile daraus und schreiben sie um. Sie folgen dabei dem Beispiel aus *Activity 1* **Dirty Rotten Scoundrels** (08:00).

Hinweise zu den Worksheets

WS 1   *If only I'd said*

Film   *Forrest Gump* (57:00)

eginn der Handlung   Lieutenant Dan zieht im Militärlazarett Forrest Gump auf den Boden und stellt ihn zur Rede.

Unterrichtsziel   Forrest Gumps Antworten auf Lieutenant Dans Fragen können diesen natürlich nicht zufriedenstellen. Die S erhalten deshalb die Gelegenheit, einen Filmskript so umzuschreiben, dass – im Gegensatz zur Vorlage des Originals – den Gesprächspartnern die Kommunikation gelingt.

Ablauf   Lassen Sie die Klasse gute Gründe nennen, warum man fröhlich und vergnügt das Leben genießen kann!

TIPP

Sie können vorab die S bitten, Lieder mit einer solchen Botschaft in den Unterricht mitzubringen und sie vorzustellen.
Geeignet wären beispielsweise:
- Ian Drury and the Blockheads, „Reasons to Be Cheerful", geradezu eine Einkaufsliste für all die schönen Dinge der Welt, die das Leben so lebenswert machen.
- Doris Day, „Que Será, Será – Whatever Will Be Will Be" aus dem Film **The Man Who Knew Too Much** (1956; **Der Mann der zu viel wusste**), einem Hitchcock Remake des gleichnamigen Films von 1934 mit Doris Day und James Stewart in den Hauptrollen.

- Frank Sinatra, „I Did It My Way"
- Cat Stevens Filmhit „If You Want to Sing Out, Sing Out" aus **Harold and Maude**
- Louis Armstrongs „What a Wonderful World"
- John Lennons „Imagine"
- Bob Dylans „Forever Young"
- „You've Got a Friend", geschrieben von Carole King und berühmt gemacht durch James Taylor, kennen viele S aus *English G 2000*, Band 3, Unit 1.
- „Singing in the Rain" mit Gene Kelly aus dem Filmmusical **An American in Paris**
- Bobby McFerrin, „Don't Worry, Be Happy"
- The Corrs, „I'll Be at Your Side"
- Peter Gabriel, „Don't Give Up"

So erhalten die S Ideen für eine effektivere Ausgestaltung der Szene. Forrests Argumentation wird wirkungsvoller ausfallen und besser überzeugen. Redemittel und Vokabeln dazu stehen zur Verfügung.

Spielen Sie den Filmausschnitt vor und überprüfen Sie das Textverständnis. Zeigen Sie den S den Dialog, lassen Sie ihn dann weglegen und spielen Sie die Sequenz erneut vor. Gehen Sie mit der Klasse die Anweisungen des WS durch.

Wenn die von den S neu geschriebenen Szenen gut gelungen sind, können sie auch in der Klasse vorgespielt werden.

Ob Sie dabei zur Dramatisierung und Veranschaulichung der misslichen Situation des Lieutenant Dan einem schauspielernden S noch die Beine zusammenbinden, bleibt Ihnen und Ihrem pädagogischen Geschick überlassen und hängt stark von der zu erwartenden Reaktion der S ab.

WS 2	***Who better than I myself?***
Film	***Kindergarten Cop*** (16:00)
Beginn der Handlung	Die Sequenz spielt in einem Flugzeug. Damit die Situation ausreichend kontextualisiert wird, ist es sinnvoll, auch den Teil der Handlung in der Kabine zu zeigen, der Arnolds Kontaktaufnahme mit dem Jungen vorausgeht.
Unterrichtsziel	Die Szene ist nicht nur lustig, sondern wirft auch die Frage auf, wie man auf unangemessenes Verhalten in der Öffentlichkeit reagiert. Sie bietet einen humorvollen Anlass, über erzieherisches Wirken nachzudenken. Die Klasse erhält die Gelegenheit, sich mit dem Thema auseinanderzusetzen, Strategien zur Konfliktlösung zu entwerfen und Alternativen zu diskutieren.

Ablauf	Lassen Sie die Klasse eine Liste anfertigen mit Dingen und Ereignissen des Alltags, die sie stören (Handyklingeln in der Straßenbahn, Plaudernde Zuschauer im Kino … .)

Zeigen Sie die Szene, in der Arnold spricht, zunächst ohne Ton, und lassen Sie die S raten, was er wohl zu dem kleinen Jungen sagen könnte. Zeigen Sie den S den Filmausschnitt und fragen Sie, ob sie verstehen, was Arnold sagt.

Nachdem Sie mit Ihren S den Ausschnitt betrachtet und Arnolds Satz auf dem WS gelesen haben, fordern Sie sie auf, Alternativen zu seiner gewalttätigen Reaktion zu entwickeln.
Ihre S können sich dann vorstellen, dass der Film und dieser Ausschnitt für ein Remake mit einem anderen Schauspieler wie Woody Allen, Robin Williams, Kevin Costner, Dustin Hoffmann, John Cleese usw. neu gedreht werden soll oder schon gedreht ist. Wie würden diese Leute in der gleichen Situation reagieren oder wie hätten sie reagiert, was würden sie sagen, was hätten sie gesagt?
Die Aufgabe eignet sich gut, um das Konditional II *(If he was/were in that scene he would …)* oder Konditional III *(If he had been in the film he would have …)* zu üben.

WS 3	### *Putting on the style*
Film	***Rocky IV*** (1:21:00)
ginn der Handlung	Die Schluss-Sequenz des Films am Ende des Boxkampfes unmittelbar vor dem Abspann.
Unterrichtsziel	Der Filmausschnitt präsentiert eine in vieler Hinsicht sehr anspruchslose Rede, die an eher schlichte Gemüter appelliert. Der Film impliziert, dass Rockys Fähigkeit, Hunderte von schweren Treffern hinzunehmen, die Russen dazu bringt, die Fehlschläge des kommunistischen Systems einzusehen. Die S sollen die Rede auf einer anspruchsvolleren Stilebene bei gleichem Inhalt und gleicher Botschaft neu schreiben.
Ablauf	Bei ausreichender Zeit und historischem Interesse der S kann es sinnvoll sein, den Kalten Krieg als Hintergrund des Films zu umreißen. Positive wie negative Aspekte des amerikanischen kapitalistischen und des kommunistischen russischen Systems werden dabei genauso zur Sprache kommen wie die jeweilige Art und Weise zu agieren und zu reagieren. Rocky spricht langsam, schleppend und undeutlich. Seine Rede könnte gerade deswegen fast Vorlage für eine Transkription, ein Diktat sein.

Lassen Sie die S den schweren Grammatikfehler finden (*I didn't like it too much none either*) und korrigieren.

Machen Sie mit ihnen eine Stilanalyse und zeigen Sie auf, welche rhetorischen Mittel Verwendung finden, wie Redeanteile wiederholt werden.

Fordern Sie die S auf, die Rede in einem gehobeneren Stil bei gleicher Botschaft neu zu formulieren.

WS 4	***I read the news today***
Film	***Forrest Gump*** (48:00)
Beginn der Handlung	Die Soldaten sind auf Patrouille im Dschungel. Plötzlich hört der starke Regen auf.
Unterrichtsziel	Die S verfeinern ihr Stilbewusstsein, indem sie mithilfe von Adjektiven und Adverbien einen nüchternen Bericht ausschmücken. Dazu dürfen sie auch gezielt Übertreibungen einsetzen.
Ablauf	Zeigen Sie den S den Filmausschnitt und bitten Sie sie zu berichten, was sie gesehen haben.
	Als Alternative zeigen Sie das Video nur der Hälfte der S, die ihren Klassenkameraden berichten sollen.
	Zeigen Sie die Szenenbeschreibungen auf dem WS und lassen sie die S nach eventuellen Abweichungen von dem Filmausschnitt suchen.
	Erläutern Sie die Aufgabenstellung auf dem Arbeitsblatt, verweisen Sie dabei auf sensationsheischende Berichterstattung zu Ereignissen der jüngsten Zeit.
	Lassen Sie die S berichten, welchen der Beteiligten sie interviewen würden, welche Fragen sie stellen würden.
	Nach der Abfassung lassen Sie die S in Partnerarbeit die Berichte gegenseitig überarbeiten – so werden sie vom Reporter zum Chefredakteur. Die Ergebnisse werden im Team zunächst diskutiert, der Klasse vorgestellt und von den Mitschülern auf ihre Wirkung analysiert. Die besten Arbeiten werden prämiert.
WS 5	***Do put words in my mouth!***
Film	***Philadelphia*** (1:02:30)
Beginn der Handlung	Eine Rede wird in einem Gerichtssaal vorgetragen. Der Rechtsanwalt wurde gerade vom Richter für seinen Gefühlsausbruch zum Thema Homosexualität getadelt.

Unterrichtsziel	Die S sollen die Sprache der Anwaltsrede sorgfältig analysieren und zwischen ihren generellen und ganz spezifischen Bezügen differenzieren. Dabei untersuchen sie den gezielten Einsatz rhetorischer Mittel. Im Transfer verfassen sie eine ähnliche Rede zu einem anderen Thema.
Ablauf	Spielen Sie der Klasse den Ausschnitt vor und überprüfen Sie, wieviel durch Wort und Bild verstanden wurde.

Lassen sie eine Liste der Schlüsselwörter, von Satzteilen oder ganzen Sätzen, an die sich die S erinnern, anfertigen und sichern Sie sie im Tafelanschrieb oder auf der Folie des Tageslichtprojektors.

Zeigen Sie den Textauszug auf dem WS, spielen Sie das Videoband noch einmal vor, ohne dass die S mitlesen können.

Lassen Sie alle spezifischen Hinweise auf die Themen Homosexualität und Aids im Text ausstreichen (dazu können Sie auf der Fotokopie für die S den Ausschnitt vergrößern).

Lassen Sie die Rede gemäß den Arbeitsanweisungen umformulieren. Verschiedene S oder Gruppen können sich dabei verschiedener Themen annehmen, sie können im Anschluss verglichen werden.

Der Arbeitsauftrag erhält einen zusätzlichen Reiz, wenn Sie beispielsweise eine Rede über Küchenschaben (*cockroaches*) schreiben lassen.

WS 6	***... All shook up***
Film	***The Full Monty*** (0:00:00)
Beginn der Handlung	Es handelt sich um den unmittelbaren Anfang des Films.
Unterrichtsziel	Die S sollen zwar an dieser Stelle keinen eigenen Text verfassen, müssen aber sehr wohl über die strukturelle Planung und logische innere Ordnung eines Filmskripts nachdenken. Dadurch erwerben sie wertvolle Fertigkeiten für die Textproduktion.
Ablauf	Lassen Sie die S zusammentragen, welche Aspekte sie besonders herausstreichen würden, wenn sie ein dreiminütiges Video über ihren Heimatort drehen sollten.

Notieren Sie alle Ergebnisse im Tafelanschrieb oder auf einer Folie. Lassen Sie die S in Partner- oder Gruppenarbeit eine Prioritätenliste festlegen, damit sie sich einigen müssen, in welcher Reihenfolge sie über die verschiedenen Gesichtspunkte reden wollen.

Geben Sie den S den Textauszug auf dem WS. Lassen Sie ihnen Zeit, die einzelnen Zeilen sorgfältig durchzulesen. Sie sollen herausfinden, ob die Beschreibungen zu Sheffield ihren Punkten ähnlich sind.

Lassen Sie die S die Zeilen ausschneiden und erproben, welche Veränderungen der Text durchmacht, wenn die Abfolge der Zeilen verändert werden. Ziel der Übung ist es, die Bausteine zu einem logischen und kohärenten Text zusammenzufügen.

Spielen Sie den Ausschnitt vom Videoband und überprüfen Sie das Original mit den Lösungen der Klasse. Wodurch unterscheiden sich die Fassungen, welche Wirkungen gehen verloren, welche neuen entstehen?

Im Anschluss an die Übung, zum Beispiel als Hausaufgabe, formulieren die S die Punkte des Folien- oder Tafelanschriebs über ihren Heimatort zu einem ganzen Text um. Dabei können sie das Beispiel des Films als Formatvorlage nützen.

 Die so entstandenen Skripte können ohne großen technischen Aufwand, aber höchst effektiv, Textgrundlage für ein selbst produziertes Videoband über den eigenen Ort werden. Dazu nimmt ein Elternteil oder ein S mit der Videokamera Impressionen an markanten Stellen des Ortes auf oder filmt zu Hause Postkarten, Fotos, Broschüren und Bilder aus einem Heimatbuch. So entsteht eine ca. dreiminütige Collage aus ansprechenden Bildern.

Lassen Sie das Video mehrfach kopieren, damit Sie für jede Gruppe ein Band als Arbeitsgrundlage zur Verfügung haben.

Die Teams sprechen im *dubbing*-Verfahren direkt in das Mikrophon und unterlegen die bereits fertige Bildspur mit ihren Texten. In der Regel steht diese Form der Nachvertonung in Videokameras als eine der Aufnahmemöglichkeiten zur Verfügung.

Wenn nun das fertige Endprodukt noch für jeden Beteiligten von Recorder zu Recorder umkopiert wird, haben die Kinder ein schönes selbstgefertigtes Geschenk. Die Kopien können von einem S zu Hause angefertigt werden.

Ein solches Band könnte auch an die Partnerschule im Ausland verschickt werden oder zukünftige Gastschüler vorab informieren.

Lösung   *Welcome to Sheffield,*
the beating heart of Britain's industrial north.
The jewel in Yorkshire's crown is home to over half a million people
and thousands more flock here daily to shop and to work.
All this is built on Sheffield's primary industry: steel.
The city's rolling mills, forges and workshops employ some 90,000 men
and state-of-the-art machinery to make the world's finest steel:
from high-tensile girders to the stainless cutlery that ends up on your
dining table.
But it's not all hard work for people at steel city;
they can spend a day lounging by the pool,
watching one of our top soccer teams
or browsing in the shops.
But when the sun goes down the fun really starts
in the city's numerous nightclubs and discotheques.
Yes, Yorkshire folk know how to have a good time.

And it's good times for the city's housing, too.
Sheffield leads the way in town planning.
Victorian slums have been cleared to make way for the homes of the
future.
Thanks to steel, Sheffield really is a city on the move.

WS 7   **_Two can play_**

Film   ***Forrest Gump*** (1:47:30)

ginn der Handlung   Forrest sitzt auf der Veranda seines Hauses, steht auf und läuft los.

Unterrichtsziel   Die S formen einen Monolog zu einem Interview um. Sie erkennen ihre Möglichkeiten, in Texte oder Filmszenen auch dann per Video noch einzugreifen, wenn es sich um fertige Szenen handelt. Sie begreifen die Ausschnitte als eine Möglichkeit von vielen und können Veränderungen herbeiführen.
Die Klasse übt Frageformen und nimmt kleine sprachliche Korrekturen, (besonders an den Satzanfängen) vor, um zusammenhängenden Antworten von Forrest Gump zu erhalten.

Ablauf   Diskutieren Sie mit Ihren S, was Athleten antreibt, große Opfer für ihren Sport zu bringen, oder warum es Bergsteiger auf gefährliche Gipfeltouren zieht.
Spielen Sie den Filmausschnitt und fragen Sie die S, was sie von Forrest Gumps Motiven verstanden haben.
Bei Bedarf sollten Sie auf die Fragestrukturen des Englischen noch einmal eingehen. Lassen Sie die S in Partnerarbeit zusammentragen, welche Fragen Sie Forrest Gump gerne stellen würden. Sichern Sie die Ergebnisse im Tafelanschrieb oder auf Folie, korrigieren Sie gegebenenfalls sprachliche Fehler.

TIPP   Bei ausreichender Zeit können Sie auch als Modell bzw. zum Vergleich eine spätere Sequenz des Films vorspielen. Dort wird Forrest von Journalisten befragt, warum er läuft.

Geben Sie Ihren S das WS und spielen Sie den Ausschnitt erneut vor. Fordern Sie sie auf, Fragen zwischen Forrests Aussagen einzubauen und notwendige Änderungen in seinem Text vorzunehmen.
Die Lücken auf dem Arbeitsblatt stellen eine von vielen Möglichkeiten dar, das Gespräch auszufüllen. S müssen sich an die Vorgabe nicht halten.
Der Arbeitsauftrag kann in einen Wettbewerb münden, indem Sie auszählen lassen, wer die meisten Fragen einflechten kann, ohne das Interview unnatürlich erscheinen zu lassen.

WS 8	*Mind the gap*
Film	*Forrest Gump* (2:02:00)
Beginn der Handlung	Forrest betritt Jennys Schlafzimmer. Er beantwortet ihre Frage, ob er während des Kriegs in Vietnam Angst gehabt habe.
Unterrichtsziel	Im Wesentlichen handelt es sich bei dieser Übung um eine Hörverstehensaufgabe, sie verlangt aber auch die Kenntnis von Satzstrukturen und fordert inhaltliche Vorhersagen innerhalb eines gegebenen Kontextes. Die S füllen den Rahmen, den das WS bereitstellt.
Ablauf	Da in dem Ausschnitt Bild und Ton eng miteinander verschränkt sind, bietet es sich an, ihn zunächst einmal ohne Ton abzuspielen. Fragen Sie Ihre S dann, welche Lexik sie im Film zu hören erwarten.

Im Klassen- oder Gruppengespräch erstellen sie eine *top ten*-Liste der wahrscheinlichsten Wörter. Sichern Sie sie im Tafelanschrieb oder auf Folie.

Bei einem zweiten, dritten usw. Vorspielen *ohne Ton* suchen die S nach Szenen, in denen sie das Vorkommen der zehn Begriffe vermuten.

Danach verteilen Sie den Lückentext auf dem WS und bitten die S, ihn aus dem Gedächtnis, nach Intuition, nach ihrem inhaltlichen Vorwissen oder nach grammatikalischen Gesichtspunkten mit einem Bleistift auszufüllen. Die S sollen die Lücken in Beziehung zu den anderen Parametern setzen, über die sie verfügen *(intelligent guessing)*. Es kann jedoch nicht erwartet werden, dass sie alle Lücken füllen!

Dann zeigen Sie den Ausschnitt mehrfach *mit Ton*, bis die Aufgabe vollständig gelöst ist.

Alternative: Zeigen Sie diesen Filmausschnitt, aber auch jeden anderen aus beliebigen Filmen, ohne ein WS, lassen Sie die S dabei Notizen machen. Zeigen Sie den Ausschnitt so oft, bis alle S in der Lage sind, den Text komplett zu rekonstruieren. Hier bietet es sich an, die Klasse in Teams und kleine Gruppen aufzuteilen.

Lösung	*Sometimes it would stop raining long enough for the stars to come out. Then it was nice. It was like just before the sun goes to bed down on the bayou.*

Those old million sparkles on the water.

Like that mountain lake, it was so clear, Jenny, it looked like it were two skies, one on top of the other.

And then in the desert when the sun comes up.

I couldn't tell where heaven stopped and the earth began, it was so beautiful.

WS 9   *Indirectly speaking*

Film   *Dirty Rotten Scoundrels* (8:00)

Beginn der Handlung   Steve Martin betritt den Speisewagen eines Zuges.
Die S sollen interpretieren, was sie hören, spezifische Details verstehen und die indirekte Rede einüben.

Unterrichtsziel   Bevor Sie den Filmausschnitt zeigen, sollten sie das schwierige Vokabular vorentlasten. Sammeln Sie mit den S Wörter, die mit Unehrlichkeit zu tun haben. Ergänzen Sie die Wortliste, z.B. mit *dishonesty: cheat, fool, take in, con,* etc.

Ablauf   Zeigen Sie den Ausschnitt und lassen Sie die Klasse eine Inhaltsangabe schreiben. Sie kann in Teamarbeit mit einer Stichwortsammlung vorbereitet werden. Bereits an dieser Stelle können Sie eingreifen und die Formulierungen durch Elemente der indirekten Rede anreichern.
Geben Sie das Arbeitsblatt aus, lassen Sie die S in Ruhe die Sätze anschauen, überprüfen Sie das Textverständnis.
Lassen Sie die Klasse die Sätze so umschreiben, dass in jedem Satz der Sprecher und der Adressat genannt und Fehler verbessert werden.

Lösung

1. Steve Martin *complained* he was *very* hungry / *starving*.
2. Steve Martin *ordered water*.
3. Steve Martin *claimed that* his *parents hadn't wanted* him.
4. Steve Martin *informed* the female diner *that* his grand*mother was quite ill*.
5. Steve Martin *said* he was *working for the Red Cross*.
6. The female diner *offered to buy* Steve Martin *lunch*.
7. Steve Martin *refused to let* the female diner *buy* him *lunch* at first.
8. Steve Martin *ordered* three *beers*.
9. Steve Martin *drew the curtains* without requesting.
10. Steve Martin *stated that* men *were the weaker sex* after Michael Caine referred to women in those terms.
11. Steve Martin *boasted that* he *had cheated* the female diner *out of 20 dollars* (bucks).
12. Michael Caine *admitted that he was the town's playboy*.
13. Michael Caine *told* Steve Martin he was *going to phone* his wife *and children*.
14. Steve Martin invited himself to a lift with Michael Caine.
15. A female passenger *informed* Steve Martin *that Portofino was 70 kilometres away*.

WS 10 A/B	*You scratch my back*
Film	***Being There*** (32:30)
Beginn der Handlung	In einem Fahrstuhl.
Unterrichtsziel	Bei dieser *information gap exercise* handelt es sich um die spaßige Art eines Diktats von zwei Lückentexten, bei dem sich die S in Partnerarbeit gegenseitig verbessern. Der Übungsaspekt steht im Vordergrund, das Gelingen ist gesichert. Die S können auch vorab spekulieren und ausprobieren, was sie allein oder mit einem Partner glauben lösen zu können.
Ablauf	Sammeln Sie mit der Klasse Wortschatz zu Spekulationen oder stellen Sie ihn vorab zur Verfügung. Sichern Sie das Sprachmaterial an der Tafel oder auf dem Tageslichtprojektor. Geben Sie das WS A den S auf der einen Seite des Klassenzimmers, WS B denen auf der anderen Seite. Lassen Sie *innerhalb* der beiden Gruppen S zusammenarbeiten, damit sie sich Gedanken über die fehlenden Textteile machen können. Setzen Sie nun je einem Partner A einen Partner B gegenüber, die Partner dürfen das Arbeitsblatt des Gegenübers nicht einsehen. Die S können nun ihre Spekulationen, Eindrücke und Vermutungen äußern, ohne jedoch auf die Textinhalte der Szene einzugehen. Spielen Sie der Klasse den Ausschnitt so oft vor, wie die S ihn sehen möchten. Dabei lassen Sie die fehlenden Teile des jeweiligen Arbeitsblattes ergänzen. Die S berichten dem Partner, welche Sätze genau fehlen. Das Gegenüber bestätigt oder korrigiert die Vermutung. Um zu gewährleisten, dass alle S die richtige Lösung haben, legen Sie den gesamten Dialog als Folienkopie auf. Lassen Sie die S WS A und WS B nebeneinander legen. Der Witz des Dialogs ergibt sich daraus, dass die beiden Männer über völlig verschiedene Dinge reden. A bezieht sich auf einen Lift, B redet über einen Rollstuhl. Der ganze Film lebt von ähnlichen Missverständnissen.
Lösung	A: *I've never been in one of these before.* B: *It's one of Mr Rand's, since he's been ill.* A: *I see. Does it have a television?* B: *No, but Mr Rand does have one with a little electric motor, that way he can get around by himself.* A: *How long do we stay in here?* B: *How long? I don't know, we'll see what the doctor says.*

WS 11	*Catch the wind*
Film	***Rebel without a Cause*** (11:00) / (15:00) / (15:30) / (19:20) / (24:30) / (27:20) / (31:30) / (42:00) / (59:15) / (1:00:10) / (1:01:15) / (1:39:20)
●ginn der Handlung	Siehe Lösung.
Unterrichtsziel	Die Hörverstehensübung stimuliert die Konzentrationsfähigkeit der S und motiviert sie, die Filmausschnitte inhaltlich zu erfassen und sprachlich zu verstehen. Korrekturen von Mitschülern oder L sind nicht notwendig, da die S mehrfach die Möglichkeit haben, ihre Verständnisprobleme selbst zu bearbeiten. Die ausgewählten Sätze sind signifikant und stehen stellvertretend für das Bild eines rebellischen Heranwachsenden, das Dean im Film und im Leben verkörperte. Eine Diskussion der Klasse zu diesem Jugendthema lässt sich aus der Beschäftigung mit Film und Figur einleiten.
Ablauf	Kündigen Sie der Klasse ein Diktat an und warten Sie ab, bis sich der Sturm der Begeisterung gelegt hat. Lassen sie sich von den S erzählen, was sie über James Dean, seine Zeit und den Film ***Rebel without a Cause*** wissen.

> DEAN, JAMES (1931–1955), amerikanischer Schauspieler. Mit der Rolle eines problembeladenen und rebellischen jungen Mannes in Nicholas Rays Melodram ***Rebel without a Cause*** (1955; ... ***denn sie wissen nicht, was sie tun***) avancierte er zur Symbolfigur und zum Idol der Jugend. Nach seinem frühen Tod im Alter von nur 24 Jahren wurde er zum Mythos.
>
> An der Seite von Natalie Wood, Dennis Hopper und Sal Mineo spielt er den jungen Jim Stark, der versucht, sich in einer neuen Stadt zurechtzufinden und der dabei mit einer Jugendbande in Konflikt gerät. Durch den frühen tragischen Tod des Jugendidols begann sich ein Personenkult zu entwickeln, der nur mit dem um die ebenfalls jung verstorbene Marilyn Monroe vergleichbar ist. Mit nur drei Hauptrollen in Spielfilmen wurde er zu einer der großen Ikonen der Filmgeschichte. Posthum wurde er für seine Leistung in ***Giant*** als bester männlicher Hauptdarsteller für den Oscar nominiert. 1957 entstand Robert Altmans Dokumentarfilm ***The James Dean Story***.
>
> (*Microsoft Encarta*, Enzyklopädie 2000)

Spielen Sie die Ausschnitte ohne Unterbrechung so oft vor, wie Sie dies entsprechend Sprachstand und Interesse Ihrer Klasse für sinnvoll halten. Die S versuchen, James Deans Aussagen aufzuschreiben.

Teilen Sie das WS aus, lassen Sie die S ihre Notizen mit der Textvorlage vergleichen.

Lassen Sie die S problematische Wörter nennen.

Überprüfen Sie die Lösungen der S, indem Sie die Szenenausschnitte noch einmal vorspielen.

Korrigieren Sie falls nötig die Aussprache der S.

Natürlich können die Szenen in jeder beliebigen Reihenfolge gezeigt werden, die chronologische Ordnung sieht folgendermaßen aus:

Lösung

"You say one thing and he says another and then everybody changes back again."
(11:00) in the police station with his parents and grandmother

"I don't know what to do anymore, except maybe die."
(15:00) with the policeman

"If I had one day when I didn't have to be all confused."
(15:30) with the policeman

"Life can be beautiful."
(19:20) outside his house with the girl

"Once you've been up there you know you've been someplace."
(24:30) in the planetarium with Plato

"It's all over, the world ended."
(27:20) in the Planetarium with Plato

"You read too many comic books."
(31:30) in the Planetarium car park with Buzz

"What can you do when you have to be a man?"
(42:00) in the bedroom with his father

"You can't just go around proving things and pretending like you're tough."
(59:15) in the sitting room with his parents

"I am involved, we are all involved."
(1:00:10) on the stairs with his parents

"Just once I want to do something right."
(1:01:15) on the stairs with his parents

"Friends always keep their promises."
(1:39:20) in the planetarium with Plato

If only I'd said

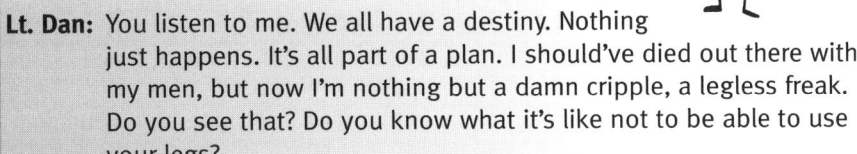

Here is the script of the conversation you have just seen between Lieutenant Dan and Forrest Gump.

Lt. Dan: You listen to me. We all have a destiny. Nothing just happens. It's all part of a plan. I should've died out there with my men, but now I'm nothing but a damn cripple, a legless freak. Do you see that? Do you know what it's like not to be able to use your legs?

Forrest: Yes sir, I do.

Lt. Dan: Did you hear what I said? You cheated me. I had a destiny. I was supposed to die in the field with honour, that was my destiny and you cheated me out of it. You understand what I'm saying Gump? This wasn't supposed to happen, not to me. I had a destiny. I was Lt. Dan Taylor.

Forrest: You're still Lt. Dan.

Lt. Dan: Look at me. What am I going to do? What am I going to do?

● As you can see, Forrest's replies are not especially illuminating and in no way satisfy or help Lt. Dan. Change the dialogue so that Forrest's replies are more helpful and inspiring.

- -

Who better than I myself?

"Hey, come here. If you don't stop screwing around back there, this is what I'm going to do to you."

This is what the policeman on the plane says to the little boy.

● Try to think of some other things he could have said in this situation. Consider these approaches:

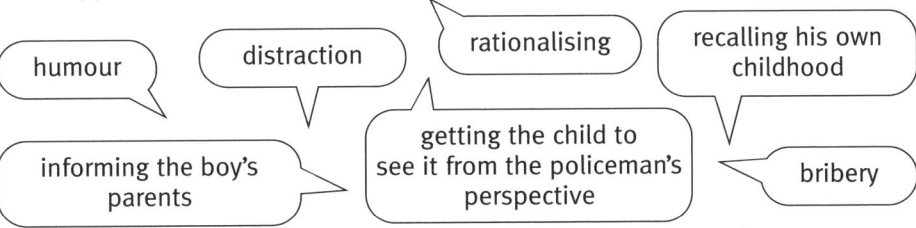

humour · distraction · rationalising · recalling his own childhood · informing the boy's parents · getting the child to see it from the policeman's perspective · bribery

Putting on the style

"Thank you. I came here tonight and I didn't know what to expect. I've seen a lot of people hating me and I didn't know what to feel about that, though I guess I didn't like it too much none either. During this fight I've seen a lot of changes. The way you felt about me and the way I felt about you. In here there were two guys killing each other, but I guess that's better than 20 million. So what I'm trying to say is that if I can change, and you can change, everybody can change."

This is what Rocky says at the end of his fight.

● *Can you see any grammatical errors?*
● *The speech is very simplistic but appropriate for a semi-literate boxer. Write a speech with the same message but in a style that is typical of a more educated person.*

I read the news today

When it stopped raining the patrol was attacked by machine guns and mortars.
The Lieutenant spoke on the radio and ordered a withdrawal.
Forrest was told to run, which he did.
After running for a while he found himself alone and went back to look for Bubba.
He found three wounded men and took each one to safety by the river.
He found the lieutenant speaking on the radio. Despite his resistance he carried him away.
While carrying the lieutenant he was shot in the buttocks and then knocked over by an exploding shell.
He ran back for Bubba and carried him out as the air attack began behind him.

This is an account of what happened during the sequence you have just watched. ●

● *Compare the account with what you saw.*

● *As you can see, the account is completely unemotional. Write a report of the same incident for a sensationalist newspaper.*
– Do not change the facts but use adjectives and adverbs, and include comments on what the participants were thinking and feeling to give more emotion and reader interest to the article.
– Include after-the-event interviews with some of the participants if you wish.

Do put words in my mouth!

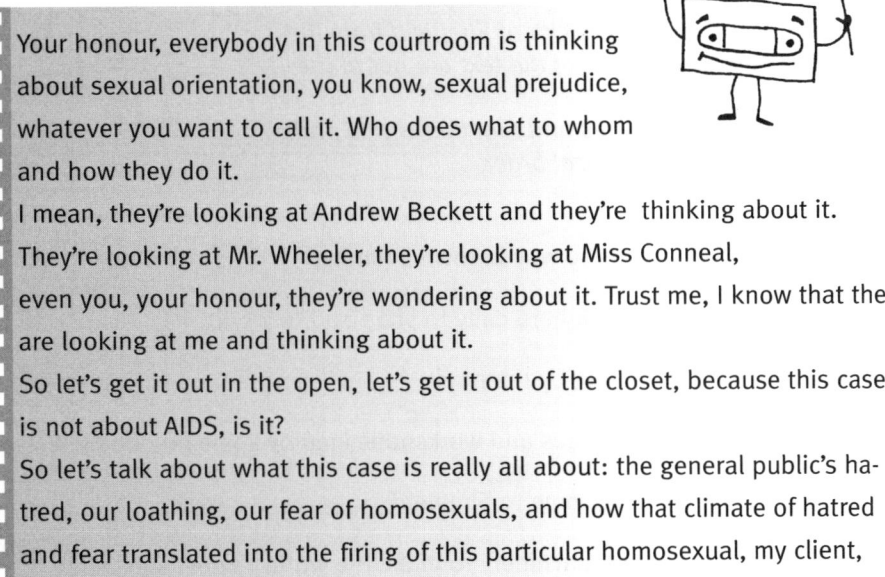

Your honour, everybody in this courtroom is thinking
about sexual orientation, you know, sexual prejudice,
whatever you want to call it. Who does what to whom
and how they do it.
I mean, they're looking at Andrew Beckett and they're thinking about it.
They're looking at Mr. Wheeler, they're looking at Miss Conneal,
even you, your honour, they're wondering about it. Trust me, I know that they
are looking at me and thinking about it.
So let's get it out in the open, let's get it out of the closet, because this case
is not about AIDS, is it?
So let's talk about what this case is really all about: the general public's hatred, our loathing, our fear of homosexuals, and how that climate of hatred
and fear translated into the firing of this particular homosexual, my client,
Mr. Beckett.

This is the transcript of the scene you have just watched.

● *Eliminate from the text all references to homosexuality and AIDS so that it is
not clear what the speech is about.*

● *Now rewrite the speech with a minimum of change so that it talks about one
of the following:*
   a) racial prejudice
   b) sexual discrimination
   c) class discrimination
   d) discrimination towards the disabled.

... All shook up

*Look at this description of the city of Sheffield from the
film **The Full Monty**. The lines of the text are not in the
correct order.*

● *Cut out the individual lines and together with a partner
place them in the correct logical order.*

Sheffield leads the way in town planning

and thousands more flock here daily to shop and to work

they can spend a day lounging by the pool

the city's rolling mills, forges and workshops employ some 90,000 men

welcome to Sheffield,

and state-of-the-art machinery to make the world's finest steel

and it's good times for the city's housing, too

from high-tensile girders to the stainless cutlery that ends up on your dining table

the beating heart of Britain's industrial north

but it's not all hard work for people at steel city

all this is built on Sheffield's primary industry: steel

watching one of our top soccer teams

but when the sun goes down the fun really starts

or browsing in the shops

in the city's numerous nightclubs and discotheques

yes, Yorkshire folk know how to have a good time

the jewel in Yorkshire's crown is home to over half a million people

thanks to steel, Sheffield really is a city on the move

Victorian slums have been cleared to make way for the homes of the future

Two can play

That day for no particular reason I decided to go for a little run.

So I ran to the end of the road,

and when I got there I thought maybe I'd run to the end of town.

And when I got there I thought maybe I'd just run across Greenbow County.

And I figured since I'd run this far, maybe I'd just run across the great state of Alabama; and that's what I did. I ran across Alabama.

For no particular reason I just kept on going.

I ran clean to the ocean.

And when I got there I figured since I'd gone this far I might as well turn around and just keep on going.

And when I got to another ocean I figured since I'd gone this far I might just as well turn back, keep right on going.

When I got tired I slept.

When I got hungry I ate.

And when I had to go,

you know, I went.

This is the script for the scene you have just watched.

● *Convert the scene into an interview by inserting a question for each spoken line below. You will have to make some minor changes to what Forrest Gump says so that his words become responses to the questions.*

Mind the gap

WS 8

Here is part of the transcript from the scene you have just watched.

● *Try to complete the sentences based on what you know about the scene, the possible words and structures that might fit the context, and by using your own intuition.*

Sometimes it would stop _____ long _____

for the _____ to come out. Then it was _____ .

It was _____ just before the _____ goes
to

bed down on the bayou. Those old million sparkles on the _____ .

_____ that mountain _____ , it was so clear,

Jenny, it looked _____ it were two _____ ,

one on _____ of the _____ .

And then in the desert when the _____ comes up.

I couldn't tell where _____ stopped and the

_____

began, it was so _____ .

Indirectly speaking

1. Complained that they were very thirsty
2. Ordered water
3. Claimed that their parents hadn't wanted them
4. Informed someone that their mother was quite ill
5. Said they were working for the Red Cross
6. Offered to buy someone lunch
7. Refused to let someone buy them lunch
8. Ordered two beers
9. Requested that someone draw the curtains
10. Stated that women were the weaker sex
11. Boasted that they had cheated someone out of 120 Dollars
12. Admitted that he was the town's playboy
13. Told someone they were going to phone their husband and children
14. Offered someone a lift
15. Informed someone that Portofino was 70 kilometres away

These are reported speech versions of what people said during the scene you just saw. Some of the statements contain factual errors.

- *Identify who said each one.*
- *Complete and correct the sentences.*

You scratch my back

● *Look at your half of the dialogue and try to imagine what the other speaker says.*
Think about who is speaking and what the situation is.

A: I've never been in one of these before.

B: _____

A: I see. Does it have a television?

B: _____

A: How long do we stay in here?

B: _____

● *Look at your half of the dialogue and try to imagine what the other speaker says.*
Think about who is speaking and what the situation is.

A: _____

B: It's one of Mr Rand's, since he's been ill.

A: _____

B: No, but Mr Rand does have one with a little electric motor, that way he can get around by himself.

A: _____

B: How long? I don't know, we'll see what the doctor says.

Catch the wind

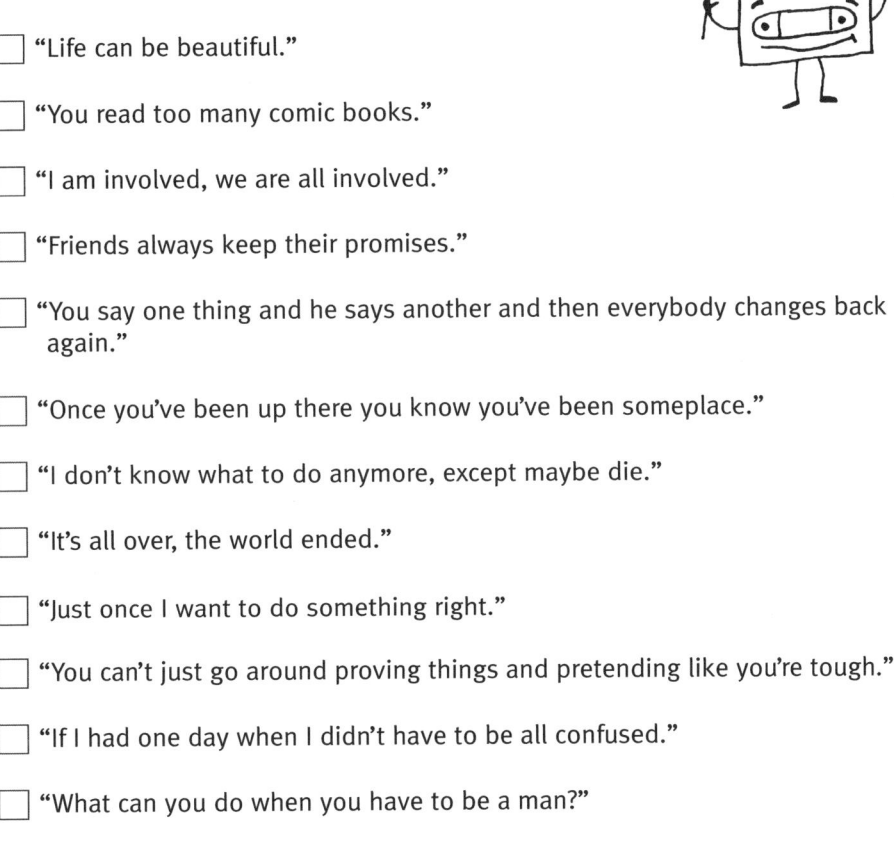

☐ "Life can be beautiful."

☐ "You read too many comic books."

☐ "I am involved, we are all involved."

☐ "Friends always keep their promises."

☐ "You say one thing and he says another and then everybody changes back again."

☐ "Once you've been up there you know you've been someplace."

☐ "I don't know what to do anymore, except maybe die."

☐ "It's all over, the world ended."

☐ "Just once I want to do something right."

☐ "You can't just go around proving things and pretending like you're tough."

☐ "If I had one day when I didn't have to be all confused."

☐ "What can you do when you have to be a man?"

Here are some of the lines you just heard.

● *In which order did you hear them? Number the lines accordingly.*

Verzeichnis der Filme

Das Buch enthält Vorschläge zu folgenden Filmen:

Literaturverzeichnis

Baddock, B., *Using Films in the English Class*. Prentice Hall: Hemel Hempstead, 1996.

Boczkowski, I., Lonergan, J., Topp, H.J., Weißling, H., *Handreichung für Kursleiter zum Medienverbund Englisch*. PAS DVV: Frankfurt, 1979.

Burger, G., Fiktionale Filme im fortgeschrittenen Englischunterricht, *Die neueren Sprachen*. Heft 6, 1995.

Cooper, R., Lavery, M., Rinvolucri, M., *Video*. Oxford University Press: Oxford, 1991.

Cooper, R. et al.: *Resource Book for Teachers: Video*. Oxford University Press: Oxford, 1983.

Costanzo, W.V., *Reading the Movies – Twelve Great Films on Video and How to Teach Them*. National Council of Teachers of English, Urbana, Il., 1992.

Donnerstag, J., Cultural Studies auf der Basis amerikanischer Spielfilme im Englischunterricht, in: *Praxis des neusprachlichen Unterrichts*. Heft 4, 1998.

Gaderer, H., Lonergan, J. (eds.), *Media Teaching Manual*. DVV: Frankfurt, 1980, VOeV: Wien, 1980.

Grindhammer, L., Hollywood in the English Language Classroom, Dead Poets Society, in: *Neusprachliche Mitteilungen aus Wissenschaft und Praxis*, Heft 46, 1993.

Heins, B., Papesch, R., Pates, M., Sonntag, A., Weißling, H., *Beyond the Big Cities* (Lehrerhandreichung). Cornelsen: Berlin, 1991.

Jung, H., Vanderplank, R., *Barriers and Bridges: Media Technology in Language Teaching*. Peter Lang: Frankfurt am Main, 1994.

Kennedy, J., Kennedy, X., Mejia, E., *102 Very Teachable Films*. Prentice Hall Regents: Englewood Cliffs, NJ, 1994.

Kolker, R., *Film, Form and Culture*. McGraw Hill: Boston, 2000.

Liebelt, W., *The Language of Film*. NLI: Hannover, o.D.

Liebelt, W., *Filme für den Englischunterricht*. NLI: Hannover, o.D.

Liebelt, W., Anregungen für den Umgang mit Video im Fremdsprachenunterricht, in: *Praxis des neusprachlichen Unterrichts*, Heft 3, 1989.

Lonergan, J., *Video in Language Teaching*. Cambridge University Press: Cambridge, 1984.

Porteous-Schwier, G., Ross, I., ‚Life is but a dream?' – Der Film Forrest Gump im Englischunterricht der Jahrgangsstufe 11, in: *Neusprachliche Mitteilungen aus Wissenschaft und Praxis*, Heft 1, 2000.

Rampillon, U., Reisener, H. (eds.), Medien, in: *Der fremdsprachliche Unterricht*, Heft 16, 1994.

Reil, A., *Video von A bis Z – Wörterbuch Film und Video, Deutsch/Englisch/Deutsch*. Reil und Gottschalk, 1992.

Tillmann, H. (ed.), *Fachwörterbuch Hörfunk und Fernsehen / Dictionary of Radio and Television Terms*. Publicis, 2000.

Tomalin, B., *Video in the English Class* (training video). BBC English: London, 1990.

Vaughan-Rees, M., Video and Language Learning, in: *Zielsprache Englisch*, Jg. 19, Heft 1, 1989.

Walker, C., *Teacher's Guide to Using Film and TV*. Penguin/Longman: London, 1999.